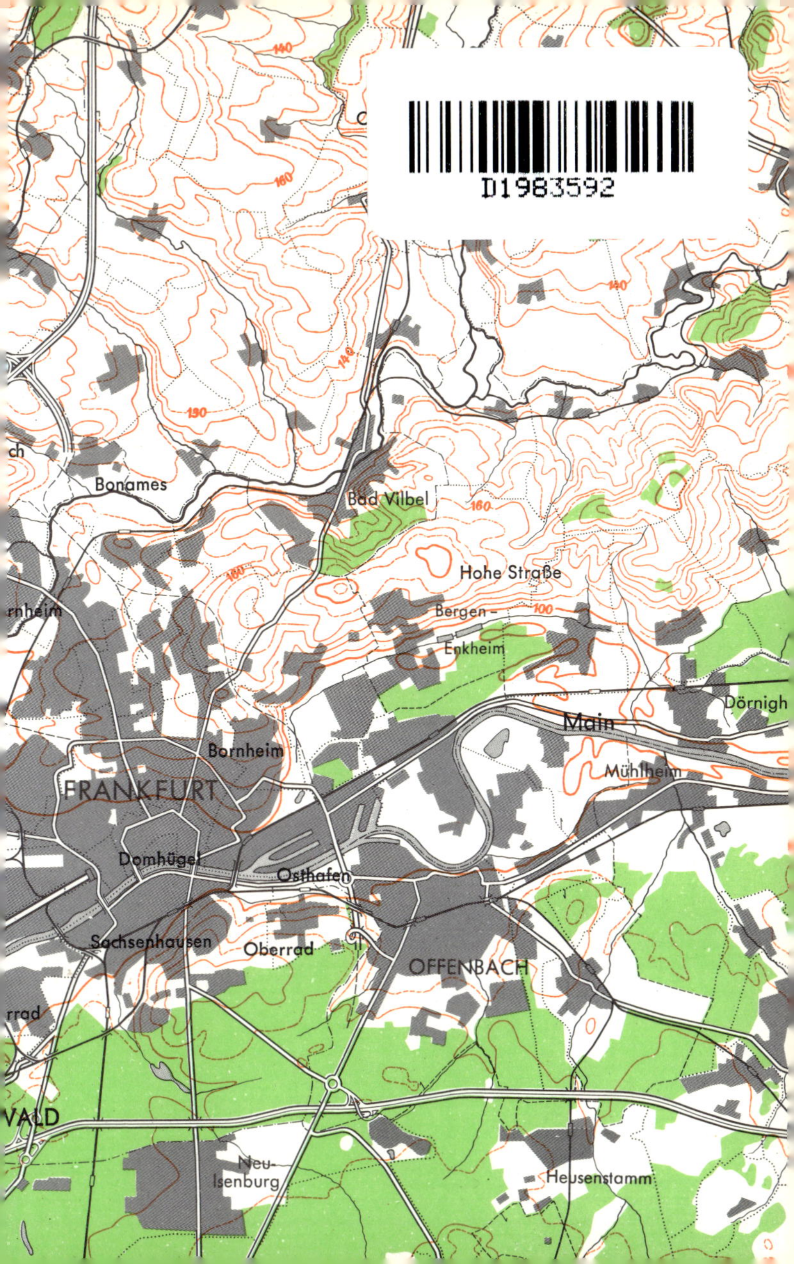
140
160
140
130
ch
Bonames
Bad Vilbel
160
Hohe Straße
rnheim
Bergen –
100
Enkheim
Dörnigh
Main
Bornheim
Mühlheim
FRANKFURT
Domhügel
Osthafen
Sachsenhausen
Oberrad
OFFENBACH
rrad
VALD
Neu-
Isenburg
Heusenstamm

14,80

ULRICH FISCHER

Aus Frankfurts Vorgeschichte

Mit 48 Abbildungen und 28 Tafeln

Frankfurt am Main

Im Verlag von Waldemar Kramer

Der Verfasser dieser Schrift, Dr. Ulrich Fischer, ist seit 1954 Leiter des Städtischen Museums für Vor- und Frühgeschichte und Staatlicher Vertrauensmann für kulturgeschichtliche Bodenaltertümer in Frankfurt a. M.

ISBN 3 7829 0120 7

Umschlagzeichnung von Ferry Ahrlé

Vorderes Vorsatzblatt nach einer Vorlage des Stadtvermessungsamtes Frankfurt a. M. — Hinteres Vorsatzblatt nach Dr. Otto Stamm, 1961.

Druck von W. Kramer & Co. in Frankfurt am Main

Also bleibet fest gesetzet, daß man vor den Zeiten des Ao. 794 hier gehaltenen Synodi, keinen bewehrten Autorem findet, der von der Bewohnung hiesiger Gegend etwas gewisses auffgezeichnet hat.

Georg August von Lersner,
Chronica Franckfurth am Mayn II, 1734, S. 4.

Inhalt

Einleitung

Die Geschichte der Stadt Frankfurt beginnt mit der ersten urkundlichen Erwähnung des gleichnamigen fränkischen Königshofes an der Mainfurt, anläßlich des Reichstages, den Karl der Große im Jahre 794 n. Chr. hier abhielt. Dieser Hof bildet die historische Keimzelle der Stadt und bestand gewiß schon früher, wie die Ausgrabungen zeigten und sein Name andeutet. Aber doch können wir die davor liegende Zeit als Frankfurts Vorgeschichte betrachten, denn so nennt man alles menschliche Geschehen, das nicht aus literarischen, sondern nur aus archäologischen Quellen, das heißt, aus Bodenfunden erschlossen werden kann. Allerdings hat sich die Stadt Frankfurt in neuerer Zeit auf Gemarkungen ausgedehnt, die zu anderen historischen Territorien gehörten und wo es ältere urkundliche Nachrichten oder gar antike Inschriften gibt. Das letztere betrifft den römischen Ort Nida-Heddernheim, an dessen Stelle sich heute die Frankfurter Nordweststadt erhebt; aber gerade Nida blieb ohne Nachfolge im Mittelalter.

Frankfurts Vorgeschichte ist im Wesen etwas anderes als die Geschichte der historischen Stadt. Der Boden der Altstadt war vor Anlage des frühmittelalterlichen Hofes ohne besondere Bedeutung. Die heutigen Stadtgrenzen schneiden gewaltsam und zufällig durch die lange Folge der archäologischen Kulturzonen, die desto weiträumiger erscheinen, je schlechter sie dokumentiert sind. Freilich gibt es eine geographisch begründete Kulturprovinz am Rheinknie und unteren Main, die sich immer wieder durchsetzt und zu deren nordöstlicher Flanke das Frankfurter Gebiet gehört. Dessen Funde erscheinen daher repräsentativ für einen größeren Raum und rechtfertigen so das Interesse, das ihnen vom lokalhistorischen Standpunkt entgegengebracht wird. Wir können uns nicht streng an die heutigen Grenzen der Stadt halten, die auch von ihrem modernen Leben überschritten werden, aber doch an ihren optischen Horizont, der durch die Linien der umgebenden Berge und Wälder gezogen wird und auch für die vorgeschichtliche Besiedelung von Bedeutung war.

Im Gegensatz zur Geschichte beleuchtet die Vorgeschichte die menschlichen Dinge nicht von der Spitze, den politisch handelnden Personen her, sondern an der Basis. Die großen Grundformationen von Gesellschaft, Wirtschaft, Technik, Kunst, Sitte und Religion beherrschen das Blickfeld, in dem keine Namen von Herrschern oder Völkern und nicht einmal Krieg und Frieden zu erkennen sind. Das vorgeschichtliche Panorama wird durch die archäologischen Quellen auch nur unvollkommen aufgehellt. Mit Archäologie allein kann keine Geschichte im eigentlichen Sinne geschrieben werden. Die Bodenfunde sind stumm, lükkenhaft und oft mehrdeutig; sie erläutern kulturelle Zustände, sofern sich solche im Erdboden niederschlugen. Dafür sind sie unbestechliche und primäre Quellen, nicht verdunkelt durch Lob, Tadel oder Irrtum der Chronisten. Wir bemerken dies im Vorübergehen: auch Geschichte aus schriftlichen Quellen kann die Wahrheit verfehlen. Wer Frankfurts Vorgeschichte darstellen will, vermag keinen zusammenhängenden Fluß von Ereignissen vorzuführen, sondern bedient vielmehr eine Art von Laterna magica, deren Scheinwerfer einzelne schattenhafte Bilder aus einer fernen nebelhaften Welt aufleuchten läßt. Diese Bilder werden etwas klarer, wenn man größere Räume ins Auge faßt, aber es kann hier nicht unsere Aufgabe sein, die allgemeine Urgeschichte darzustellen. Das Interesse des Bürgers wird vorzüglich an den einzelnen Funden und Fundstätten haften, und eben dies macht auch den allgemeinen Wert einer lokalen Darstellung aus. In einem Bildheftchen unseres Museums haben wir eine kurz gefaßte Einführung in Frankfurts Vorgeschichte nach zeitlicher Folge gegeben. Wir wählen hier eine mehr topographische Form, die von den Fundstellen und Denkmälergruppen ausgeht und an ihnen den jeweils besonderen Zustand der Kulturen im Zusammenhang des Rhein-Main-Gebietes erläutert. Dies Büchlein ist für alle Freunde der Archäologie geschrieben, mag aber auch dem Fachmann nützlich sein.

Chronologische Grundbegriffe

Der König der Vorgeschichte ist der Schmied, nach dem Material der Waffen und Werkzeuge werden die Zeiten eingeteilt. Das Eisen beherrscht unsere Ära, aber obwohl die Erde zum größten Teil aus diesem Metall besteht, hat man mit ihm erst seit Ende des zweiten vorchristlichen Jahrtausends näher umzugehen gelernt. Wir rechnen in Mitteleuropa den Beginn der Eisenzeit ab dem späten 8. Jahrhundert v. Chr. Eher als das Eisen benutzte man als Werkmetall die Bronze, eine aus Kupfer und etwas Zinn zusammengeschmolzene Legierung, die härter aber auch spröder ist, als ihre Bestandteile. Man rechnet die Bronzezeit in Mitteleuropa etwa vom 18. bis 8. Jahrhundert v. Chr. Älter als die Bronzezeit ist eine Epoche, in der mehr oder minder reines Kupfer für Werkzeuge und Waffen Verwendung fand, ungefähr dem dritten vorchristlichen Jahrtausend entsprechend. Von einer besonderen Kupferzeit können wir aber in unserer Gegend nicht reden, da hier bis zum Beginn der Bronzezeit steinerne Werkzeuge üblich blieben.

Aus Stein, vor allem Feuerstein oder Silex, hat der Mensch am Anfang und in der weitaus längsten Zeit seine Geräte hergestellt. Die Steinzeit gliedert sich in einen sehr langen älteren Abschnitt, die Altsteinzeit oder das Paläolithikum, in welcher die Steingeräte einfach zugeschlagen wurden, sowie in einen weit kürzeren jüngeren, die Jungsteinzeit oder das Neolithikum, in dem man die größeren Steingeräte zuschliff. Die Altsteinzeit, die vor Jahrhunderttausenden begann, läßt man mit der letzten Eiszeit um 8000 v. Chr. enden. Zur Jungsteinzeit hin fügt man eine Übergangsperiode von örtlich wechselnder Dauer, das Mesolithikum oder die Mittelsteinzeit, ein, bei uns etwa das 8. bis 6. Jahrtausend umfassend, die ihrem Wesen nach der Altsteinzeit entspricht. Der Beginn der Jungsteinzeit dürfte bei uns kurz vor dem 5. Jahrtausend einsetzen. Er markiert zugleich den größten ökonomischen Fortschritt der Menschheit, den Übergang von reiner Jagd und Sammelwirtschaft zu Ackerbau und Viehzucht, also Produktion der Lebensmittel.

Dieser Fortschritt war in den Ländern des alten Orients und wohl auch in Nordafrika schon mehrere Jahrtausende früher eingetreten. Ackerbau und Viehzucht sind sogar älter als die Erfindung der Keramik und auch der Kupferverarbeitung, doch ist in Mitteleuropa ein vorkeramisches Neolithikum bisher nicht nachgewiesen.

Die Epochen der Steinzeit, Bronzezeit und Eisenzeit verschieben sich in den verschiedenen Erdräumen und auch in sich. Steingeräte waren noch in der Bronzezeit in Gebrauch, bronzene Angriffswaffen noch in der älteren Eisenzeit, bronzene Schutzwaffen bis in spätere Perioden. Einen markanten Einschnitt bildet in den Rheinlanden das Erscheinen der Römer zu Beginn unserer Zeitrechnung, womit sich eine Hochkultur einführt. Wir bezeichnen daher die vorrömische Zeit als die eigentliche Vorgeschichte, während wir die römische Zeit, die Zeit der Völkerwanderung und das Frühmittelalter bis zu den Karolingern unter dem Namen der Frühgeschichte zusammenfassen, womit ein von schriftlichen Nachrichten nur spärlich erhellter Abschnitt unserer Geschichte gemeint ist. Solche fehlen, wie erwähnt, für das engere Frankfurter Gebiet gänzlich.

Der weitere Ausbau des chronologischen Systems geschah in Süd- und Westdeutschland innerhalb der vorrömischen Metallzeit nach einem Viertaktschema. Dabei hat sich, forschungsgeschichtlich begründet, für die späte Bronzezeit und ältere Eisenzeit eine Unebenheit ergeben, indem beide Perioden als „Hallstatt“ zusammengefaßt werden, obwohl dieser Name nach heutiger Erkenntnis nur für die Hallstattkultur der älteren Eisenzeit sinnvoll ist. Die jüngere vorrömische Eisenzeit wird Latènezeit genannt und fällt zusammen mit der keltischen Latènekultur. Die „Kulturen“, die das Zeitschema der Vorgeschichte ausfüllen und die immer geographisch begrenzt sind, stellen zunächst Gruppen von Bodenaltertümern dar, die durch gemeinsame Fundumstände, gemeinsamen Stil der handwerklichen Erzeugnisse sowie gemeinsame Formen von Siedlungen und Gräbern verbunden sind und eine dahinter stehende besondere Gesittung widerspiegeln. Benannt sind sie häufig nach bedeutenden Fundorten, aber auch Eigenarten ihrer Industrie oder Grabformen. Die wirklichen Namen der Völker oder Reiche, die sie trugen, bleiben meist unbekannt.

Anders ist dies in der frühgeschichtlichen Zeit, in der die Archäologie durch historische Überlieferung gestützt wird. Hier treten die historischen Epochen in ihre Rechte, und so haben wir die Römische Kaiserzeit vom 1. bis 4. Jahrhundert n. Chr., die rechts des Rheines allerdings kürzer, vom Ende des 1. bis nach der Mitte des 3. Jahrhunderts dauert, dann die Zeit der Völkerwanderung im 5. Jahrhundert, im Frankfurter Raum durch die Herrschaft der Alamannen schon im 4. Jahrhundert gekennzeichnet, schließlich die Merowingerzeit im 6. bis 7. Jahrhundert und die der Karolinger im 8. bis 9. Jahrhundert, als unser Gebiet zum fränkischen Reiche gehörte.

Die hier entworfene Chronologie ist zunächst relativ, das heißt, die Perioden und Kulturen folgten in der angegebenen Reihenfolge sicher aufeinander. Die absolute Chronologie nach Jahreszahlen beruht in der vorrömischen Metallzeit auf Vergleichen mit der Alten Geschichte, besonders in Ägypten, und davor auf naturwissenschaftlichen Methoden, unter denen die Radiokarbonmessung und die Baumringzählung (Dendrochronologie) an der Spitze stehen.

Die beigefügte Tabelle gibt eine Übersicht der vor- und frühgeschichtlichen Zeiten und Kulturen im Frankfurter Raum ab der jüngeren Steinzeit.

Anmerkung:

Zum besseren Verständnis der chronologischen und kulturgeschichtlichen Verhältnisse in der Bronze- und Hallstattzeit fügen wir hier eine Konkordanz mit der geltenden süddeutschen Stufengliederung an. Wir verstehen unter früher Bronzezeit die Stufe Reinecke Bronze A, unter mittlerer Bronzezeit die Stufen Bronze B-D. Die mittlere Bronzezeit umfaßt die Hügelgräberkultur. Als späte Bronzezeit bezeichnen wir die Stufen Reinecke Hallstatt A-B. Die Unterstufen Hallstatt A 1-2 und B 1 umfassen die Urnenfelderkultur im strengen Sinne. Die Unterstufe Hallstatt B 2 nach Müller-Karpe existiert in unserm Gebiet nicht. Die Unterstufe Hallstatt B 2-3 bezeichnen wir als Endbronzezeit, in ihr liegen die Wurzeln der Hallstattkultur. Die eigentliche Hallstattkultur umfaßt die Stufen Reinecke Hallstatt C-D. Die Unterstufe Hallstatt B 2-3 bezeichnen wir auch als frühe Hallstattzeit, die Stufe Hallstatt C als mittlere, die Stufe Hallstatt D als späte Hallstattzeit.

		Jahre vor Christ:
Jungsteinzeit (Neolithikum)		
Altneolithikum	Bandkeramik	5000
Mittelneolithikum	Großgartacher Kultur	
	Rössener Kultur	3000
Jungneolithikum	Michelsberger Kultur	
Endneolithikum	Schnurkeramik	
	Glockenbecherkultur	2000
Bronzezeit		
Frühe Bronzezeit	Adlerbergkultur	1800
Mittlere Bronzezeit	Hügelgräberkultur	1500
Späte Bronzezeit	Urnenfelderkultur	1200
Endbronzezeit	Frühhallstattkultur	800
Eisenzeit		
Mittlere Hallstattzeit	Koberstadter Gruppe der Hallstattkultur	700
Späte Hallstattzeit		
Frühe Latènezeit	Rhein-Main-Gruppe der Latènekultur	450
Mittlere Latènezeit		250
Späte Latènezeit	Wetterauer Gruppe	50
Römerzeit		nach Christ:
Frührömische Zeit	Kastelle	
Mittelrömische Zeit	Civitas Taunensium	100
	Fall des Limes	260
Völkerwanderungszeit		
Spätrömische Zeit	Nordalamannische Kultur	300
Frühmittelalter		
Merowingerzeit	Fränkische	450
	Reihengräberkultur	700
Karolingerzeit	Villa Franconofurd	800
Hochmittelalter		900
Spätmittelalter	Stadt Frankfurt	1200

Jäger der Urzeit

Der Mensch entstand im Eiszeitalter, der letzten Jahrmillion der Erdgeschichte, das die Geologen das Diluvium oder *Pleistozän* nennen und von dem sie das Alluvium oder *Holozän,* die letzten zehntausend Jahre, mehr dem Anspruch der Gegenwart zuliebe als aus sachlichen Gründen abtrennen. Das Pleistozän gliedert sich in mindestens vier eigentliche Eiszeiten oder Glaziale, von der deutschen Forschung nach den Alpenvorlandflüssen Günz, Mindel, Riß und Würm genannt, denen vielleicht noch ein ältestes „Donauglazial" vorausgeht, und entsprechende wärmere Zwischeneiszeiten oder Interglaziale, alles in sich noch in kleinere Wärmeschwankungen oder Interstadiale gegliedert. Mehrfach drang Inlandeis von den Polarkappen und Hochgebirgen über weite Strecken vor allem der nördlichen Halbkugel vor, um sich anschließend wieder mehr oder minder auf seine Ausgangspositionen zurückzuziehen. Diesen Effekt bewirkt ein Absinken der mittleren Jahrestemperaturen um wenige Grade, da alsbald die Gletscher ihre eigene Dynamik entfalten. Kaum ein Zweifel kann bestehen, daß wir heute in einer Zwischeneiszeit leben, kühler als manche der Vergangenheit, und das Eis wieder kommen wird. Der Prozeß geht aber so langsam vor sich, daß die Menschheit es nicht bemerkt, es sei denn, sie treibt geologische Forschung.

Mit den Glazialen kamen und gingen die verschiedenen Landschaftszonen, die wir auch heute von Norden her antreffen: die baumlose Tundra, die Birkenheide, der schüttere Kiefernwald, der Hochwald aus Nadel- oder Laubhölzern, die Waldsteppe und die Steppe. Unser Frankfurter Gebiet ist niemals vom Eis berührt worden, auch auf den Bergen nicht. Aber in den Glazialen war es unwirtlich, wenn auch nicht ohne Bedeutung für den Durchgangsverkehr, der in der Zone zwischen nordeuropäischer und alpiner Vergletscherung die stets besiedelten Räume in West- und Osteuropa verband. Das Rhein-Main-Gebiet blieb frei von den eigentlichen glazialen Formationen, den Grund- und Endmoränen, nicht aber von den periglazialen Erscheinungen, die sich im Vorlande der Eisschilde abspielten: dem Bodenfrost und Bodenfließen, der gewaltigen Aufschotterung der Flußtäler, den kalten Staubstürmen, die in gemessenem Abstand vor dem Eisrande meterdicke Schichten von feinem Löß absetzten.

Eines darf man nicht außer acht lassen: wenn auch das Eis nahe, der Boden gefroren, die Vegetation niedrig und kümmerlich war, so schien doch die Sonne hier im Sommer so steil wie eh und je, einen prächtigen Blütenflor auf der Tundra entfaltend; dann war für Mensch und Tier ein vorübergehender Aufenthalt möglich. Dies entspricht gerade der Lebensform im Eiszeitalter, die nicht auf Seßhaftigkeit im späteren Sinne beruhte. Der Urmensch war Jäger, Fischer und Sammler, ein freier Mann auf freier Erde, und seinen Lebensinhalt bildete, was heute als Sport getrieben wird. Irgendwo im wärmeren Süden lagen im Glazial seine Winterquartiere. Im Interglazial war die Szene gewandelt; dichte Wälder, eine andere Tierwelt, ein wärmeres Klima, selbst als heute, luden zu ganzjährigem Verweilen ein.

Das Panorama des Eiszeitalters ist gewaltig. Wir kennen aus spärlichen Funden verschiedene aufeinander folgende oder nebeneinander hergehende und wieder vergehende Menschenarten zumindest seit 500 000 Jahren. Die Altsteinzeit oder das *Paläolithikum* entspricht der geologischen Formation des Pleistozän, endend mit der Zeitmarke 8000 v. Chr. Die Forschung ist noch im Flusse und eine allgemein verbindliche Terminologie wurde bisher nicht erreicht. Man unterscheidet ein Alt-, Mittel- und Jungpaläolithikum. Das *Altpaläolithikum*, das bei weitem der längste Abschnitt ist, möchten wir bis zum Ende der vorletzten Eiszeit, des Rißglazials, rechnen, mindestens vor 100 000 Jahren. Es ist zunächst das Zeitalter der primitiven und umstrittenen Kerngeräte, dann der Faustkeile, die sich vom sogenannten *Abbevillien* zum *Acheuléen* verbessern, aber doch eine schwere und grobe Steinindustrie darstellen. Die paläolithischen Perioden heißen ursprünglich nach Namen französischer Fundorte, die beizubehalten sich empfiehlt, wenn auch die Erscheinungen in Mitteleuropa im einzelnen abweichen. Das *Mittelpaläolithikum* umfaßt das waldreiche letzte Interglazial (Eem) und den Beginn des letzten Glazials, Würm I, jeweils mit den Perioden des *Micoquien* und *Moustérien.* Die Steinindustrie wird leichter, doch setzen sich faustkeilähnliche Formen fort, die schließlich in den sogenannten Blattspitzen gipfeln. Es ist auch die Zeit des Neandertalers, des uns zeitlich am nächsten stehenden Urmenschen. Mit der Hochstufe des letzten Glazials, Würm II, vor vielleicht 40000 Jahren, tritt unsere Art, der Homo sapiens, auf den Plan. Das ist zugleich die Geburt der Kunst und jenes Wesens permanenter Revolution, welches die menschliche Geschichte im eigentlichen Sinne prägt, Revolution und, wie wir hinzufügen möchten, Tradition, denn beides zusammen schafft erst Kultur. Das Würmglazial ist in Mitteleuropa eine Zeit der Tundra, nur in seinem ersten Interstadial wuchsen vereinzelt Wälder, die beim Abklingen der Würmeiszeit in der Wärmeschwankung des sogenannten Alleröd wiederkehren, dann noch einmal der Tundra weichen, bis im Postglazial allmählich die heutige Bewaldung einsetzt. Der im Mittelpaläolithikum begonnene Prozeß der Verfeinerung der Steinindustrie setzt sich im Jungpaläolithikum sehr eindrucksvoll fort; von nun an beherrscht der Abschlag, die Klinge den Markt. Dies hängt wohl auch mit der Abwesenheit der Wälder zusammen; der neue Mensch ist ein Kind der Steppe. Vom älteren Abschnitt, dem *Aurignacien* im Würm II, mit seinen steil retuschierten Klingen, zum mittleren, dem *Gravettien* im Würm III und weiter zum letzten, dem *Magdalénien* im Spätglazial, wird das Klingeninventar immer leichter und feiner. Die Entwickelung hat es geradezu darauf abgesehen, von einem Extrem in das andere zu fallen, denn im nachfolgenden *Mesolithikum*, während des Postglazials, entsteht die Mikrolithik, ein Steingerät zartester Zurichtung, wie von Zwergen gemacht, genannt das *Tardenoisien*, ein Klingenbestand, der wohl als Einsatz in hölzerne oder beinerne Gerätschäfte gedacht war.

Dieses allgemeine Schema hat in Europa weite Gültigkeit und ist für das Frankfurter Gebiet maßgebend. Wenn auch das Relief der Landschaft, der Rahmen der Berge, der Lauf der Flüsse seit dem Beginn des Pleistozän in großen Zügen feststand, so müssen wir doch mit großen Klimaschwankungen und entsprechenden Veränderungen der Vegetation, wie mit den geologischen Kräften von Frost, Wasser und Wind rechnen. Der Kies der Flußterrassen und der fruchtbare Löß der Äcker sind Gaben des Eiszeitalters an die heutige Wirtschaft. Die geschützte und den Verkehr begünstigende Lage Frankfurts hat sicherlich auch im Pleistozän eine positive Rolle für die Entwicklung der Kultur gespielt, und so scheint es uns gewiß, daß in seinem Boden ein reiches Paläolithikum verborgen liegt. Es weisen darauf nicht nur die, leider noch wenigen, Einzelfunde hin, sondern auch die paläolithischen Stationen der benachbarten Landschaften, in Mainz, Rheinhessen, Wiesbaden, an der Lahn, in Oberhessen und neuerdings auch Starkenburg und im Hanauer Land. Die bevorzugten Fundplätze des diluvialen Menschen, die Höhlen, sind allerdings in Hessen aus geologischen Gründen sehr selten und an das spärliche Vorkommen von Kalk oder Dolomit gebunden.

Außerdem gibt es im Frankfurter Stadtgebiet über ein Dutzend Fundstellen von Resten diluvialer Riesensäugetiere, die aus der Lößdecke oder den Kiesterrassen stammen. Überwiegend handelt es sich um Überreste von Mammut, besonders dessen Stoßzähne, aber es konnten auch Riesenhirsch, Nashorn, Wisent und Auerochs bestimmt werden, während das für die jungpaläolithische Jagd so wichtige Rentier im Bestand noch fehlt. Eindrucksvoll war 1962 ein Profil in der Ziegelei Krüger in Niederursel, wo im Löß drei Verlehmungszonen in 1,75 m, 2,75 m und 4 m Tiefe sichtbar waren, jeweils einer Warmzeit entsprechend, wobei in den beiden oberen Zonen diluviale Tierknochen herauskamen.

Das hessische Paläolithikum hat eine besondere Note durch die Verwendung von Ersatzgesteinen anstatt des sonst üblichen und in jeder Hinsicht am be-

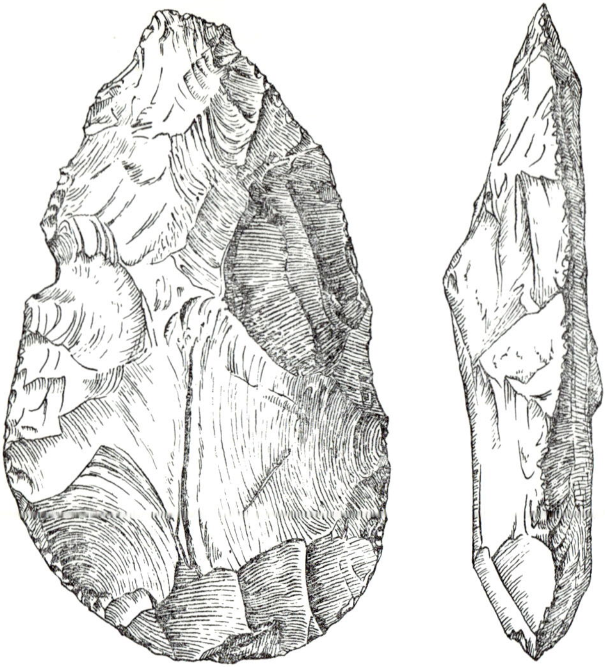

Faustkeil von Bergen. Museum Bergen-Enkheim.

sten geeigneten Feuersteines oder Flintes, welcher hier nicht vorkommt. Verwendet werden an seiner Stelle andere kieslige Gesteine, wie Quarzit, Kieselschiefer, Gangquarz, Hornstein, aber auch metamorphe oder eruptive Gesteine, wie Basalt und Trachyt. Daneben wurde importierter Feuerstein verarbeitet.

Der Star der Frankfurter Paläolithen, vielleicht das schönste altsteinzeitliche Artefakt im Rhein-Main-Gebiet überhaupt, ist der Faustkeil von Bergen, der 1961 von einem Schüler am oberen Rande des Berger Hanges in ausgehobenem Löß entdeckt und dem Heimatmuseum Bergen-Enkheim gebracht wurde. Die Fundstelle liegt zwar 350 m außerhalb der Frankfurter Stadtgrenze, aber Bergen-Enkheim gehört zur Frankfurter archäologischen Pflege. Der Faustkeil besteht aus schwarzem zart gebändertem Kieselschiefer und mißt 10,9 cm Länge. Er ist aus einem Abschlag gearbeitet, also ein Halbkeil; an der Unterseite sieht man noch ein Stück von der Spaltfläche. Die Kerbe an der Seite ist eine moderne Verletzung. Zu vergleichen wären Stücke von Gießen, Trais-Münzenberg, Hofheim oder aus der Steedener Höhle an der Lahn. Der Faustkeil gehört in das ausklingende *Altpaläolithikum,* Stufe des späten Acheuléen.

Eine kleine Reflexion sei hier eingeschaltet. Der Berger Keil ist in seiner Weise vollkommen und braucht keinen Vergleich mit späteren Steingeräten welcher Art auch immer zu scheuen, obwohl er vom Urmensch, nicht vom Homo sapiens gemacht ist. Man könnte meinen, hier walte noch die Vollendung der Natur, aber das Stück steht am Ende einer langen

Entwickelung. Nun kennen wir aus jenen frühen Zeiten kaum etwas anderes als Steingeräte; so ist die Vermutung erlaubt, auch andere Elemente der altpaläolithischen Kultur hätten sich ebenso vorteilhaft ausgenommen, wenn man sie mit Inventaren späterer Kulturen vergleichen könnte. Hier wird die Ambivalenz des „Fortschrittes" beleuchtet. Jede Kultur hat Elemente, die in ihrer Art einmalig sind und deren Vollendung später nicht mehr erreicht wurde. Und auch der Urmensch war ein Mensch, ob in seinen Anlagen besser oder schlechter, das wäre wohl auf den Standpunkt der Betrachtung angekommen. Der Faustkeil spricht zu seinen Gunsten.

Wir können vermuten, daß es in unserm Raum primitivere Werkzeuge aus älteren Kulturzusammenhängen gibt, obwohl die hier in Betracht kommenden Funde noch zweifelhaft sind. In Bergen wurde 1970 in gleicher Geländelage, aber weiter östlich in der Landgrafenstraße, eine rohe pyramidale Basaltspitze an der Basis des Lösses angetroffen. Umstritten sind ähnliche Funde vom Ebertsberg bei Dietzenbach und von Götzenhain, ebenso wie vom Ziegelwald bei Groß-Umstadt. Soweit altpaläolithische Geräte in ihrer Form klar zu bestimmen sind, gehören sie immer dem Ende dieses Zeitalters an.

Schlechter ist das *Mittelpaläolithikum* vertreten. Nicht eindeutig wirkt eine Breitklinge aus grauem Feuerstein von 6,4 cm Länge, die 1957 als Mainfund in das Höchster Heimatmuseum kam. Aus der Kelsterbacher Terrasse des Schwanheimer Waldes stammt eine dreieckige Abschlagspitze aus gelbem Flint mit Lackpatina, 5,3 cm lang, die ein Schwanheimer Sammler 1969 am Hang vor der Neufeldschneise auflas. Mittelpaläolithische Geräte, meist Moustérien, liegen im Umland von Frankfurt häufig auf der Oberfläche, z. B. fand Verf. 1962 einen Schaber aus Kieselschiefer auf dem Acker einer Frankfurter Stiftung in Niedererlenbach. Solche Funde kamen in den letzten Jahren mehrfach in Oberhessen und im Hanauer Land zutage, während die Chalcedon-Fundstelle von Lämmerspiel bei Offenbach umstritten bleibt.

Hingegen ist das *Jungpaläolithikum* in Frankfurt bisher ausgeblieben und in Hessen und Rheinhessen überhaupt selten, wenngleich wir hier die beiden altbekannten Stationen des Linsenberges in Mainz und der Wildscheuerhöhle bei Steeden an der Lahn anführen können, wo vorwiegend das Gravettien vertreten ist. Hier traten auch Zeugnisse paläolithischer Kunst zutage, zwei Sandsteinfragmente von Frauenstatuetten in Mainz und ein Fischkopf aus Elchgeweih bei der Steedener Höhle. Zu den religiösen Vorstellungen des jungpaläolithischen Menschen hat das Wiesbadener Quellenviertel einen schönen Beitrag gebracht: in den Jahren 1953-54 fand sich in einer Bohrung zur Neufassung der großen Adlerquelle ein Weihefund von über einem Dutzend sorgfältig gespänten Klingen aus Feuerstein und Kieselschiefer. Die Wildscheuer zeigt im übrigen eine klassische Schichtenfolge vom Mittelpaläolithikum über das Aurignacien und Gravettien bis zum Magdalénien.

Die Steedener Höhlen und auch das Höhlensystem der Wildweiberley bei Diez sind in Hessen und Nassau Ausnahmen; in der Regel handelt es sich um Freilandstationen, deren Lage im Gelände recht typisch erscheint. Sie liegen gerne erhöht an Steilhängen, so, daß sie ein tieferes Gebiet gut übersehen können. Der Linsenberg in Mainz, am Ausgang des Zahlbachtales, ist hier exemplarisch. Auch bei den geringen älteren Funden in Frankfurt beobachten wir eine Bindung an Höhen. So werden wir Paläolithen hier in Zukunft am Berger Hang, an der Kelsterbacher Terrasse oder in Höchst erwarten können, vielleicht auch auf dem Sachsenhäuser Berg, dem Röderberg und am Vordertaunus.

Für das nachfolgende *Mesolithikum* lassen uns die Frankfurter Funde ebenso im Stich, und abgeschwächt gilt dies auch für das hessische Umland. Aus Starkenburg, wo noch vor zwei Jahrzehnten mittelsteinzeitliches Material überhaupt fehlte, sind neuerdings Lesefunde bekannt geworden, so einige Mikrolithen auf dem Ebertsberg bei Dietzenbach. In Oberhessen ist vor allem die 1964 untersuchte reiche Fundstelle auf dem „Feuersteinacker“ von Stumpertenrod im Kreise Alsfeld zu nennen, die 450 m über dem Meere liegt und in das ältere Mesolithikum gehört; Quarzit, Hornstein und Kieselschiefer wurden hier in ausgezeichneter Technik zu Mikrolithen verarbeitet.

Im Mesolithikum erscheint das älteste menschliche Haustier Europas, der Hund, der eigentlich ein gezähmter Wolf ist. Zu den frühesten Fundstellen des Hundes, schon in das 8. Jahrtausend datiert, gehört das Senckenberg-Moor in Frankfurt am Main.

Im Spät- und Postglazial ist die Waldgeschichte unseres Landes auf Grund von Analysen der Baumpollen recht gut zu übersehen. Im Spätglazial, der *ältesten Dryaszeit* — Dryas ist ein weißblühender arktischer Zwergstrauch — seit etwa 14 000 v. Chr. herrschte noch baumlose Tundra, beendet durch das kurze *Bölling-Interstadial* im 11. Jahrtausend, in dem die ersten schütteren Birken- und Kiefernwälder ihren Einzug halten. Diese werden sich in den geschützten Lagen des Maintales durch die nachfolgende Kältephase der *älteren Dryaszeit* in das bedeutend wärmere *Alleröd-Interstadial* des 10. Jahrtausends gehalten haben, während auf den Bergen noch kein Baumwuchs anzunehmen ist. In der Allerödzeit ereignete sich der Vulkanausbruch des Laacher Sees in der Eifel, der seine Asche bis Frankfurt streute, wo sie in Schichten des Domhügels nachgewiesen wurde. Auf die paläolithischen Jäger hat dies Ereignis sicherlich einen tiefen Eindruck gemacht. Auch durch die erneute Abkühlung der *jüngeren Dryaszeit* im 9. Jahrtausend mögen die frühen Wälder, wenn auch gelichtet, angedauert haben. Dann, im Postglazial, geht die Erwärmung rasch vonstatten. Fortan werden mit den Namen „Boreal" und „Atlantikum" jeweils trockenere und feuchtere Perioden bezeichnet. Das *Präboreal* des 8. Jahrtausends, der Beginn des Mesolithikums, ist eine Birken-Kiefern-Zeit, in der auch die spätglaziale Dünenbildung auf den südmainischen Flächen im großen ihr Ende findet. Das anschließende *Boreal* des 7. und 6. Jahrtausends stellt eine trockene Wärmezeit dar, bei 4° wärmer als heute, in der sich auf den Dünen eine dicke Braunerde zu bilden beginnt. Der Haselstrauch breitet sich massenhaft, auch auf den Bergen, aus, während im Tiefland die Gehölze des sogenannten Eichenmischwaldes vordringen. Es ist die hohe Zeit des Mesolithikums, an deren Ende die neolithische Kolonisation einsetzt. Um das Thema fortzuführen, so beherrscht der Eichenmischwald das warme und feuchte *Atlantikum* des 5. und 4. Jahrtausends, in dem es bei 2° wärmer war als heute. In den Hochlagen der Berge gewinnt die Fichte an Boden. Im *Subboreal* des 3., 2. und der ersten Hälfte des 1. vorchristlichen Jahrtausends wird es wieder kühler und zum Teil trockener, und die Buche beginnt die Eiche zu verdrängen. Ab etwa 500 v. Chr. bis etwa 1000 n. Chr. rechnet das kühlere und feuchtere *Subatlantikum*, die Buchenzeit, in der sich das heutige Bild des Kulturwaldes vorbereitet. Es ist anzunehmen, daß die postglazialen Wälder den menschlichen Verkehr stark behinderten. Die gute Zeit der frei durch offenes Land schweifenden paläolithischen Gruppen ging damit zuende. Im Mesolithikum waren die höheren Landesteile wohl zunächst noch besser durchgängig, daher es zu Siedlungen am Vogelsberg kommen konnte. Sonst blieb der Verkehr an die Flußläufe gebunden.

Neolithische Kolonisation

Wälder bilden auch heute den Hintergrund aller menschlichen Siedlung in unserm Lande, und sie würden es in kurzer Zeit wieder bedecken, wenn die Siedlung zum Stillstand käme. Dies folgt aus der Beschaffenheit der Böden und der Feuchtigkeit unseres ozeanischen Klimas. Es ist also zu vermuten, daß die ersten bäuerlichen Siedler zu Beginn der Jungsteinzeit im westlichen Mitteleuropa das Land mit Wald, und zwar Eichenmischwald bedeckt fanden, der aus Eichen, Ulmen, Linden, Hainbuchen und Eschen mit Unterwuchs von Hasel bestand. Eine gewaltige Rodungsarbeit war zu leisten, Brandrodung, wie wir vermuten können. Die Siedlungen schoben sich wohl zunächst entlang den Flüssen vor, wo Trinkwasser nahe und der Verkehr leicht war, das Vieh gute Weide fand und der Ackerbau seinen Anfang nehmen konnte, in der Übergangszone zwischen den feuchten Auenwäldern mit ihren Erlenbeständen und dem geschützten unteren Rand des Eichenmischwaldes. In den Flußauen selbst sind heute die alten Siedlungsspuren von den Hochflutlehmen verschüttet. Es waren vorwiegend die fruchtbaren Lößböden, wenn auch diese nicht allein, welche die frühneolithischen Farmer anlockten. Angebaut wurden mehrere Getreidearten, besonders Spelzweizen, Nackt- und Spelzgerste, dazu verschiedene Gemüse. Das wichtigste Haustier war das Rind, daneben wurden Schafe, Ziegen, Schweine und der Hund gehalten, während das zahme Pferd wohl noch unbekannt war. Die Jagd tritt in der Versorgung stark zurück und galt anscheinend vor allem dem Auerochsen. Grundlegend ist die Einführung von Töpferei und Steinschliff. Mit dem Ausbau der Siedlung wird sich ein Netz von Landwegen gebildet haben, lokale entlang den Tälern, die Fernwege auch auf den Wasserscheiden, wie etwa die Hohe Straße nordöstlich von Bergen-Enkheim, an der sich neolithische Dörfer finden. Fremd und siedlungsfeindlich ragten damals noch und für lange Zeit die dunklen mit Urwald bedeckten Berge über das Fruchtland, das kaum an die 200 m-Höhen-

Hügelgrab der Sandhofgruppe an der Niederräder Landstraße.
Zu Seiten 67 und 73.

Lößprofil von Niederursel, Ziegelei Krüger. Paläolithische dunkle Bodenzone einer Warmzeit und neolithische Grube. Zu Seiten 23 und 37.

linie hinaufreichte, und leer und waldbedeckt blieb ebenso, und großenteils bis heute, das sterile Sandland südlich des Maines.

Eine gewaltige Veränderung der mesolithischen Wildnis muß sich auf diese Weise im Laufe weniger Generationen vollzogen haben, in großen Zügen das Bild der agrarischen Kulturlandschaft begründend, das bis in neuere Zeit herrschend blieb.

Die älteste neolithische Kultur in unserer Gegend, wie in ganz Mitteleuropa, ist die *Bandkeramik*, benannt nach der Dekoration ihrer Irdenware, und zwar in der Ausbildung der Linienbandkeramik. Zwei- oder dreizeilige geritzte Bänder umziehen die Gefäße spiralig, mäandrierend oder im Zickzack, wobei das anfangs leere Ornament mit der Zeit durch Striche und Schraffur gefüllt und mit Zwischen- und Randmustern ergänzt wird, um sich am Ende ganz in Stichzier aufzulösen; auch plastische Bänder treten auf. Die Ritzungen waren ursprünglich weiß, selten rot gefüllt. Mindestens drei Stilstufen kann man sicher unterscheiden, von denen die älteste, mit einzelnen Figurenmustern, in Frankfurt bisher fehlt, aber aus Friedberg bekannt ist. Die Entwicklung beginnt bei uns mit der zweiten, sogenannten Flomborner Stufe, während die Masse zur jüngeren Linienbandkeramik der gefüllten Muster gehört. Die Gefäße der ältesten Stufe sind flachbodig und doppelkonisch. Danach setzen sich mit den eigentlich um-

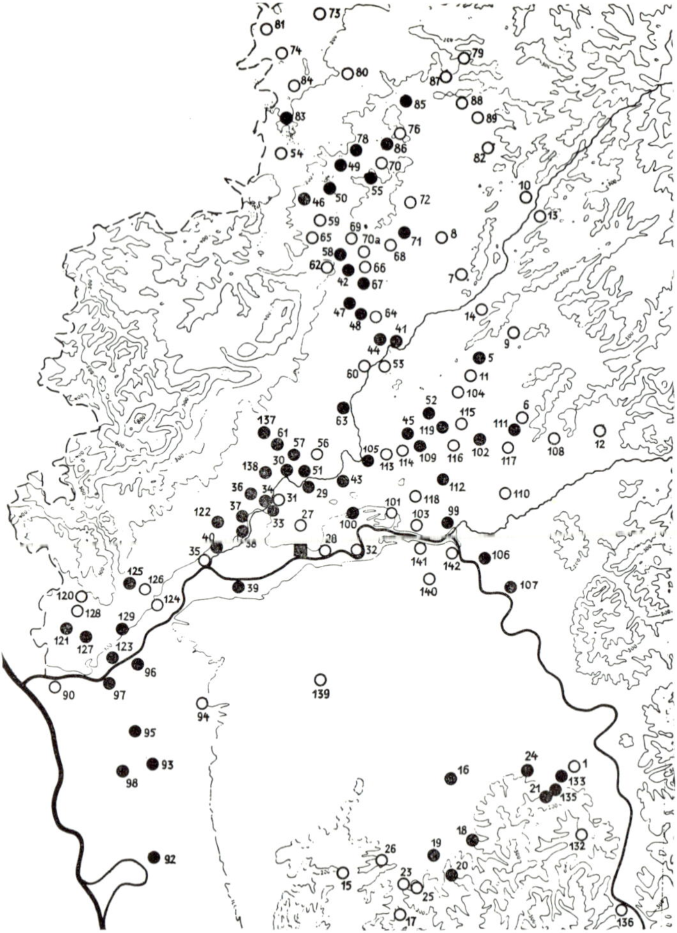

Gemarkungen mit Bandkeramik im Untermaingebiet. Schwarz: mehrere Fundstellen. Nach W. Meier-Arendt.

laufenden Mustern die bekannten rundbodigen, kugligen Formen durch: Kümpfe, Schalen und Flaschen, besetzt mit Knubben, Lappen oder Ösen. Der Ton ist grau, feinsandig und gut gebrannt, die Oberfläche war ursprünglich schwarz glänzend poliert, wie man an Wasserfunden des Enkheimer Riedes sehen kann, wo auch die weiße Inkrustation erhalten blieb. In den Baugruben der Nordweststadt in Niederursel blieb der glänzende Oberflächenfilm der Scherben bei der Bergung oft an dem harten Lehm der Grubenfüllungen haften. Neben der feinen verzierten Ware gibt es, wie üblich, auch grobe Vorratsgefäße mit englichtigen Henkeln. Tönerne Spinnwirtel fehlen im Frankfurter Material; über die Entwicklung der Textiltechnik sind wir nicht unterrichtet. Aus Ton bestehen auch Fragmente von Idolen mit typischer Verzierung, meist Füße, so ein menschengestaltiges vom Praunheimer Ebelfeld, während ein Füßchen von Niederursel zu einer Tierplastik gehören kann.

Die bandkeramische Kultur tritt mit einem, von der Forschung lange verkannten, sehr eindrucksvollen Siedlungswesen auf den Plan. Respektable langrechteckige Häuser in Ständerbau mit konventioneller Einteilung in Wohn- und Wirtschaftsteil erscheinen gereiht in regelmäßiger Orientierung nach Südosten, der Richtung, aus der damals alle Kulturimpulse kamen. In die Siedlungspläne kommt so ein geradezu militärischer Aspekt, der noch von den um-

Bandkeramische Gefäße, oben links vom Osthafen, sonst von Praunheim. Nach W. Meier-Arendt.

gebenden Gräben unterstützt wird. Solche waren schon wegen der Bedrohung durch wilde Tiere angebracht. Die Zahl der bekannten Wohnplätze ist höher als in jeder vergleichbaren vorgeschichtlichen Kultur; sie spiegelt die Dauer der Besiedlung wider, die vielleicht ein Jahrtausend betrug. Oft liegen mehrere Perioden von Hausgrundrissen übereinander. Leider gibt es im Untermaingebiet keine moderne Siedlungsgrabung; wir sind auf Vergleiche mit bandkeramischen Dörfern angewiesen, die im Rheinland und in den Niederlanden ausgegraben wurden. Schon vor dem ersten Kriege hat man eine Siedlung im Osthafen am Zusammenfluß der beiden Hafenbecken untersucht, wo man zahlreiche typisch orientierte Gruben mit Massen von Scherben fand, infolge mangelnder Grabungstechnik aber nicht die Wandgräbchen und Pfostenreihen der Häuser erkannte; die Gruben dürften der Gewinnung des Lehmes für den Aufbau der Hauswände gedient haben. Entsprechendes gilt für die Dörfer im Steinbachtal und auf dem Ebelfeld von Praunheim, die vor und nach dem ersten Kriege erforscht wurden. Die bandkeramischen Siedlungen reihen sich dicht an den fruchtbaren Lößhängen des Niddatales und seiner meist nördlichen Nebentäler, sowie an der Hohen Straße über Bergen, kommen aber auch auf den sandigen Erhebungen im Maintal vor, bei Rumpenheim, beim Enkheimer Ried, an der erwähnten Stelle des Osthafens oder im Martins-

Plan der bandkeramischen Siedlung im Osthafen. Nach W. Meier-Arendt.

kirchgrund von Schwanheim, und selbst auf den erhöhten Flächen zwischen Nidda und Main, wie etwa im Holzhausenpark.

Das charakteristische Steingerät bilden Flachhacken und die ebenso asymmetrischen, nach ihrer Form benannten „Schuhleistenkeile“ aus graugrünem Amphibolit, seltener grauem Basalt, in verschiedenen Größen, die aber keine Ackerbaugeräte, wie früher angenommen, sondern eher Werkzeuge zur Holzbearbeitung und auch Waffen waren. Letzteres ergibt sich aus ihrem Vorkommen in den Gräbern; es besteht kein Grund, die Bandkeramiker als besonders friedliebende Leute anzusehen. Eine flache Scheibenkeule stammt aus Heddernheim. Dort fand sich auch einmal ein schöner Schuhleistenkeil in einem römischen Hause wohl als Blitzschutz in zweiter Verwendung, und ebenso kamen zwei Schuhleistenkeilchen auf dem Domhügel in römischen und späteren Schichten zum Vorschein. Die Kleingeräte, wie Messerklingen, Kratzer, Pfeile oder Einsätze von Sicheln, bestehen in unserm Gebiet nur zum Teil aus Feuerstein, häufiger aus körnigem Quarzit, dem gängigen lokalen Rohstoff. In den Siedlungsgruben finden sich ferner, zusammen mit Hüttenlehm und Tierknochen, brotförmige Reibplatten aus Sandstein oder Porphyr. Sie dienten als Mühlen oder Farbreiben; von Niederursel stammt eine Platte aus Serizitschiefer mit Resten roter Farbe. Man kennt auch angeschliffene Roteisensteine, die ebenso zur Wandmalerei wie zur Körperbemalung dienen konnten. Selten sind Pfriemen, Meißel und Glätter aus Bein.

Die Gräber der bandkeramischen Kultur pflegen, wie anderwärts gut beobachtet, in kleinen Gruppen zusammenzuliegen und sind einfache Gruben ohne besonderen Ausbau. Sie enthalten vorwiegend links liegende Hockerskelette, die typische Totenstellung

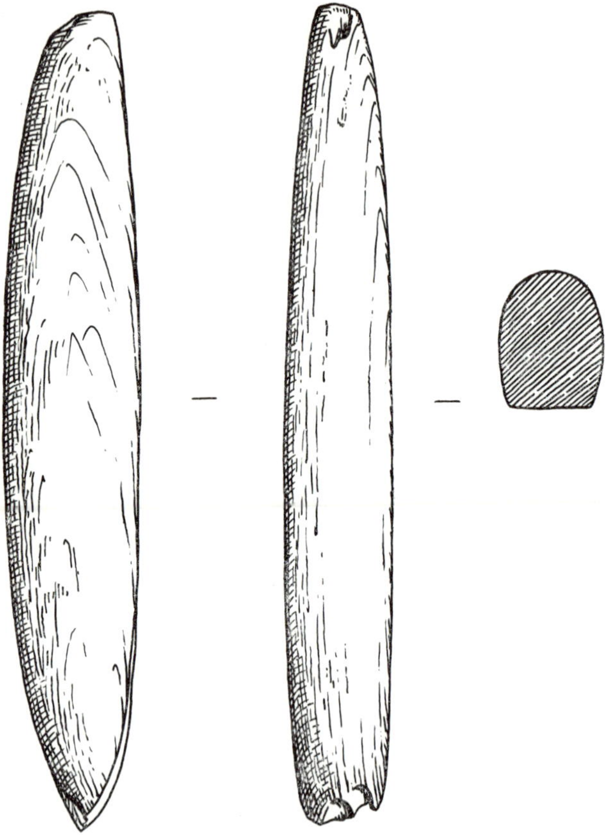

Bandkeramischer Schuhleistenkeil aus einem römischen Haus in Heddernheim, Konstantinstraße.

der Steinzeit, und zwar mit zum Gesicht erhobenen Händen, schwach gebeugten Oberschenkeln und stärker angezogenen Unterschenkeln, was eine bandkeramische Variante ist. Die Beobachtungen in unserm Gebiet sind leider schlecht. Bekannt ist ein Hocker vom Praunheimer Ebelfeld (1932), der auf der linken Seite mit Kopf nach Südosten lag, und über dessen verletzte rechte Schläfe ein tönerner Kumpf als einzige Beigabe gestülpt war. Nicht nach regulärem Ritus ist dagegen eine Bestattung in einer großen Siedlungsgrube des Praunheimer Steinbachtales (1925) angelegt: unter Brandschutt lag ein Skelett auf dem Bauch mit angezogenen Beinen und nach rechts gewendetem Schädel, zusammen mit Scherben, Quarzitgerät, Reibplatten und Roteisenstein. Weitere wohl bandkeramische Gräber wurden in Ginnheim, Niederursel und Bergen-Enkheim gefunden, fünf Hocker ohne Beigaben in einer bandkeramischen Siedlung von Weilbach im Maintaunuskreis. Die sogenannten Wetterauer Brandgräber mit ihren Kieselketten stehen dagegen im dringenden Verdacht, gefälscht zu sein, obwohl Brandbestattung im bandkeramischen Kreise an sich vorkommt.

Die Gräber zeugen schon in der Steinzeit von der Härte des Lebens im Altertum. Die Mehrzahl der Kinder starb. Die Lebenserwartung der Erwachsenen lag im Durchschnitt bei etwa 35 Jahren. Nur wenige Menschen erreichten das Greisenalter.

Die Bandkeramik hat unser Gebiet solide beherrscht; sie eigentlich ist die Schöpferin der neolithischen Kolonisation. Ihr Wesen wirkt von Belgien bis Polen und Ungarn einheitlich, es ist die erste und einzige gesamtmitteleuropäische Kultur überhaupt, ein ferner Abglanz der orientalischen Hochkulturen jener Zeit. Sie erfaßt die Zone der Mittelgebirge mit ihren Tälern, Becken und Börden bis an die Lößgrenze in der norddeutschen Tiefebene, und ihre Erscheinung im Frankfurter Raum ist ganz typisch. Sowohl die Siedlungsformen wie die Gräber deuten auf eine noch wenig differenzierte bäuerliche Gesellschaft ohne erkennbare soziale Schichtung, wie es dem „demokratischen" Charakter der Jungsteinzeit überhaupt entspricht, aber mit fester politischer Organisation in engen und weiten Kreisen, ohne das ein so einheitliches Kulturbild über große Landstrecken hinweg nicht denkbar wäre.

Revue früher Bauernkulturen

Auf die Linienbandkeramik folgt im östlichen Mitteleuropa die sogenannte Stichbandkeramik, die mit Zickzackbändern aus Reihen flacher Einstiche verziert ist, ein Dekorationsmuster, das sich in unserer jüngsten Linienbandkeramik bereits ankündigt. In Westdeutschland wird die Stichbandkeramik von verwandten keramischen Stilen vertreten, der sogenannten Hinkelsteingruppe und der Großgartacher Kultur. Beide stehen noch in der bandkeramischen Tradition, wie vor allem die Verwendung von Schuhleistenkeilen ausweist. Ihre Eigenart liegt in einer reichen Ausstattung der Gräber, in denen die Toten nun nicht mehr als Hocker, sondern ausgestreckt beigesetzt wurden. In der Ornamentik der Tongefäße zeigen sich Auflösungstendenzen. Die *Hinkelsteingruppe* hat ihr Zentrum in Rheinhessen, wo in der Flur „Hinkelstein“ von Monsheim, Kr. Worms das namengebende Gräberfeld liegt. In der Verzierung der Kümpfe und Fußbecher mit den typischen Winkel-, Rauten- und Zweigmustern stehen Ritzung und Stichreihung nebeneinander. Die Gruppe streut durch das Taunusvorland, wo bei Weilbach charakteristische Grabfunde erkannt wurden, bis in die Wetterau, fehlt aber bisher im Frankfurter Stadtgebiet. Dagegen ist die *Großgartacher Kultur*, genannt nach den Funden von Großgartach bei Heilbronn, an Rhein, Main und Neckar gut verbreitet. Typische Gefäßformen sind der Knickbecher, konkav am Bauch und konvex an der Schulter, der Fußbecher, die Zipfelschale, der Mörser und das Schiffchen. Verziert sind diese Gefäße mit Stichreihenbändern, auch Doppelstich, Girlanden und Wolfszahnmustern in starker

Auflockerung. Leichtigkeit und Eleganz prägen den Stil. Bei Ösen, Knubben und Zipfeln wird die triadische Anordnung der Bandkeramik durch eine quadratische ersetzt. In der unverzierten Ware fallen weitmündige oder beutelförmige Töpfe sowie Bombenbecher auf. Das Gerätinventar dürfte weitgehend dem der Bandkeramik entsprechen.

Die Großgartacher Kultur ist in Frankfurt leider nur schwach verbreitet. Ein ergänzter schalenförmiger Knickbecher kommt aus Rödelheim und muß den Zierstil allein vertreten. Weitere Fundstellen mit typischen Scherben liegen in Niederursel, Sossenheim und auf dem Praunheimer Ebelfeld. Im oberhessischen Umland ist die Siedlung von Eberstadt im Kreise Gießen bekannt und sogar für eine Lokalgruppe namengebend geworden. Das hier entwickelte Schema, der Großgartacher Stil, auch südwestdeutsche Stichkeramik genannt, sei eine jüngere Ausbildung der anschließend zu besprechenden Rössener Kultur, ist heute umgestürzt worden.

Viel häufiger ist die eigentliche mittelneolithische Gruppe unserer Landschaft, die *Rössener Kultur,* so benannt nach dem Gräberfeld von Rössen bei Merseburg. Ihre Tonware ist weicher gebrannt als die Bandkeramik und nicht so stark gesandet, daher die glatte Politur sich besser hält; die Farben spielen von grau ins bräunliche oder rötliche. Viele Gefäße sind unverziert und dann schwer zu bestimmen, es sei denn, sie trügen die typische Randkerbung. Die glatte Behandlung der Oberfläche behauptet sich sogar bei den Vorratsgefäßen. Ein Teil der Rössener Keramik ist aber sehr reich verziert, reicher als in jeder anderen vorgeschichtlichen Gruppe, wobei die Muster negativ gemeint sind: waagerechte Bänder, Zickzackstreifen oder Dreiecke. Die Inkrustation in weißer Farbe ist demgegenüber flächig mit Hilfe von Doppelstichen und Strichrauhung aufgetragen. Innenverzierung der Ränder kommt hinzu. Die Gefäßformen sind mannigfaltiger als in der Bandkeramik und stärker gegliedert; als Neuerung erscheint der Standfuß. Die Rössener Keramik führt kuglige Becher und Töpfe, geschweifte Schalen, ovale Wannen sowie Flaschen. Die Knubben und englichtigen Ösen stehen merkwürdig beziehungslos im Ornament. Mengenmäßig umfaßt die Rössener Keramik noch kein Zehntel des Fundbestandes unserer Bandkeramik; vielleicht war die keramische Produktion, deren Quantität immer ein Maßstab für die Kulturhöhe ist, geringer in ihrem Umfang.

Der Rössener Keramikstil ist in unserer Gegend auch nicht einheitlich. Eine besondere Gattung mit teppichartig deckender Stichrauhung, aus der die glatten Negativmuster herausspringen, bildet die Gruppe *Planig-Friedberg*, zu der das ausgestellte Prachtgefäß von Westhausen gehört. Nur in dieser Gruppe tritt die Großgartacher Zipfelschale auf, und auch der Knickbecher kehrt darin wieder. Wahrscheinlich liegt hier der Übergang vom Großgartacher zum Rössener Stil, der in der sogenannten *Rhein-Main-Gruppe* dann voll entwickelt ist. Von dieser kam 1968 ein schöner Fund aus Heddernheim.

Das Ausklingen der bandkeramischen Grundlage zeigt sich im Rössener Steingerät: wir treffen ähnliche Hacken, Silex- und Quarzitgeräte und Reibplatten. Ein kräftiges Rössener Feuersteinmesser mit Steilretusche stammt von der Nordmauer des Heddernheimer römischen Vicus. Neu ist ein asymmetrischer Axttyp mit abgeschrägtem Nacken, im Stadtgebiet zu einem Dutzend belegt, ein Vorläufer der jungneolithischen Streitäxte.

Auch das Siedlungswesen entspricht dem der Bandkeramik. In Westfalen und dem Rheinland sind Langhäuser der gleichen Orientierung ausgegraben worden, nur im Grundriß trapezförmig mit dem Eingang von der breiteren südöstlichen Schmalseite her. Die geringere Zahl der Fundplätze in der Rössener Kultur mag auch mit ihrer kürzeren Dauer erklärt werden. Im Gegensatz zu Bandkeramik, Hinkelstein und Großgartach werden Rössener Funde gelegentlich auf Bergen und sogar an Felshöhen gemacht, wie es in Nordhessen oder auf dem Glauberg am Ostrande der Wetterau bezeugt ist, sodaß wir sie vielleicht einmal auch an den Randhöhen des Taunus entdecken werden.

Das übrige Inventar, wie Kalksteinperlen, Muschelschmuck, tönerne oder steinerne Armbänder, ist in dem bescheidenen Frankfurter Fundstoff nicht vertreten, zumal wir bisher keine Gräber haben. Zur Rössener Kultur gehören schlichte Flachgräber wie in der Bandkeramik, in denen aber sowohl Hocker wie auch gestreckte Skelette vorkommen. In ganz Hessen kann man die Rössener Gräber an den Händen abzählen; eines lag in der Höhle von Steeden im Oberlahnkreis. In den kultischen Bereich gehört vielleicht ein Rindergehörn aus einer Grube des Ebelfeldes in Praunheim. Idolplastik ist, soweit wir bisher sehen, nicht bekannt.

Im Gegensatz zur Linien- und Stichbandkeramik ist die Rössener Kultur hauptsächlich westlich der Elbe und fast nur auf deutschem Sprachgebiet verbreitet. Da sie in Böhmen fehlt, kann man westmitteleuropäischen Ursprung vermuten, und bei dieser geographischen Lage wären auch westeuropäische Einflüsse denkbar. Man hat wohl mit Recht im Rössener Stil eine heimische Anwort auf den Kulturanstoß der Bandkeramik gesehen; seine innere Differenzierung gibt ein typisch mitteleuropäisches Kulturmuster. Mit ihm ist die durch die Bandkeramik begründete Einheit Mitteleuropas wohl auch politisch zerbrochen.

Schon an den Beginn oder in den älteren Teil der folgenden jungneolithischen Epoche fällt eine ganze Reihe süd- und westdeutscher Lokalgruppen, die ihre

Gefäße in einer „Nachrössener“ Art verzieren. Am Mittelrhein ist die sogenannte *Bischheimer Gruppe* zu nennen, mit locker verzierten Kugelbechern, zu der vielleicht ein Scherben aus dem Enkheimer Ried gehört. Ein sehr prägnanter Scherben in von Rössen abgeleiteter Musterung, sogar mit plastischen Tonlinsen verziert, bildet den bisher ältesten Fund des Domhügels.

Der Übergang vom Mittel- zum Jungneolithikum fällt zusammen mit dem Beginn der Alten Geschichte im Orient und bezeichnet dementsprechend einen erneuten Impuls aus den dort entwickelten Hochkulturen. Spinnen und Weben sind jetzt sicher bekannt. Das Kupfer, im Orient schon seit dem Ende des Mesolithikums gebräuchlich, tritt nun in den mitteleuropäischen Kulturen als Werkstoff für Waffen und Schmuck und wohl auch als Wertmaßstab hervor. Der Grabbau nimmt, wie in Ägypten, monumentale Formen an; das Hügelgrab und die Steinkammer beginnen ihren Zug durch die Vorgeschichte, kollektive Bestattungsformen charakterisieren insbesondere die west- und nordeuropäische Megalithkultur. Nur ein Sonderfall ist es, daß alle diese Erscheinungen in unserm engeren Kulturbereich fehlen. Die Qualität der Keramik sinkt, ihre Verzierung hört zunächst bei vielen Gruppen überhaupt auf, während andere diese mittelneolithische Tradition fortführen. Dafür erscheinen gut geschliffene steinerne Streitäxte

Rössener Gefäßtypen der Rhein-Main-Gruppe. Nach A. Stroh.
Zu Seiten 44 und 46.

Rössener Gefäß der Gruppe Planig-Friedberg von Westhausen, ergänzt. Nach A. Stroh. Zu Seiten 45 und 121.

symmetrischer Form, die in Zusammenhang mit den Kupferäxten des Südostens stehen. Die Siedlungen nehmen gelegentlich den Charakter von Festungen an.

Nach einer befestigten Höhensiedlung, dem Michelsberg bei Untergrombach im Kreise Bruchsal, heißt die *Michelsberger Kultur,* welche das Jungneolithikum im gesamten mittleren und oberen Rheingebiet, mit Ausläufern nach Böhmen und Thüringen, ausfüllt. In der Keramik überwiegen lederbraune Tönungen. Die Feinkeramik ist im allgemeinen unverziert und gut geglättet, selten mit lockeren Punktreihen und Warzengruppen, nur ausnahmsweise mit linearen Ritzmustern versehen. Die Grobkeramik wird mit Tonschlick und Fingerstrichen gerauht. Die Magerung des Scherbens ist durchweg gröber als in älterer Zeit. Typisch sind aufgelegte getupfte Randleisten, die sogenannten Arkadenränder, hier und in allen verwandten Gruppen des mitteleuropäischen jungneolithischen Kreises. Neben einfachen Ösen mit unter die Gefäßhaut greifender Durchbohrung tritt nun zum ersten Mal der weitlichtige Henkel auf. Die Gefäßformen sind gut differenziert: sogenannte Tulpenbecher mit weich geschwungenem Profil und weiter Mündung, dann Flaschen, Krüge, Schüsseln, Schalen, Backteller, Schöpfer, Löffel, mit rundem, spitzem oder auch flachem Boden. Man kann die Michelsberger Keramik in zwei Zeitstufen teilen, wobei für die

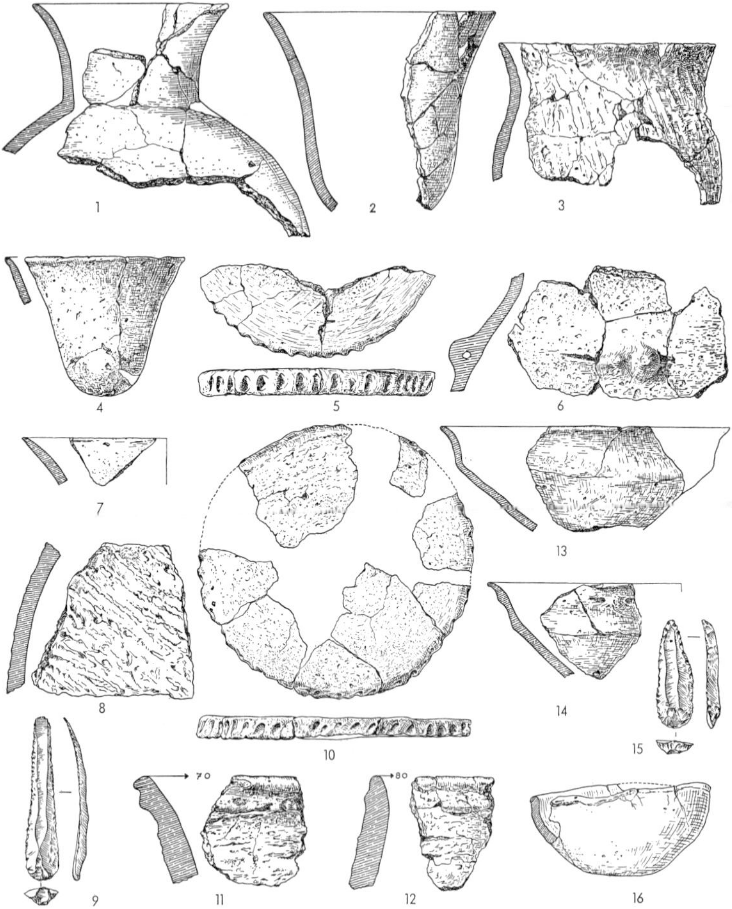

Michelsberger Keramik vom Praunheimer Ebelfeld.

jüngere Entwicklung die Knickprofile und die flachbodigen leicht geschweiften Becher vom „Munzinger Typ“ kennzeichnend sind.

Das Siedlungswesen der Michelsberger Kultur ist noch kaum erforscht. Man kennt mächtige Erdwerke mit Sohlgräben in verschiedener Geländelage, auf Höhen und an Strömen, von denen die von Wiesbaden-Schierstein, vom Kapellenberg über Hofheim und vom Glauberg uns am nächsten liegen. Oft kommen Michelsberger Scherben an gleicher Stelle wie solche der Rössener Kultur vor, sodaß zumindest ein topographischer Zusammenhang besteht. Michelsberger Funde haben wir in Frankfurt auf dem Ebelfeld bei Praunheim, aus Sindlingen und Höchst und, in der Munzinger Abart, von Höchst nördlich der Niddamündung, in der Frankfurter Umgebung ferner aus Flörsheim, Gronau, Marxheim, Sulzbach und Weilbach. Diese Verdünnung der Fundverbreitung ist gegenüber dem älteren Neolithikum sehr auffällig und hängt vielleicht auch mit der geringeren Haltbarkeit und der Unscheinbarkeit der Michelsberger Tonware zusammen. Gewisse Gruben mit reichen Funden, wie sie von Eddersheim oder Praunheim vorliegen, können rituell als Opfergruben erklärt werden.

Steingerät ist relativ selten. Die Beile, meist aus Felsgestein, sind trapezförmig oder spitznackig, immer mit ovalem Querschnitt, doch ist aus Frankfurter

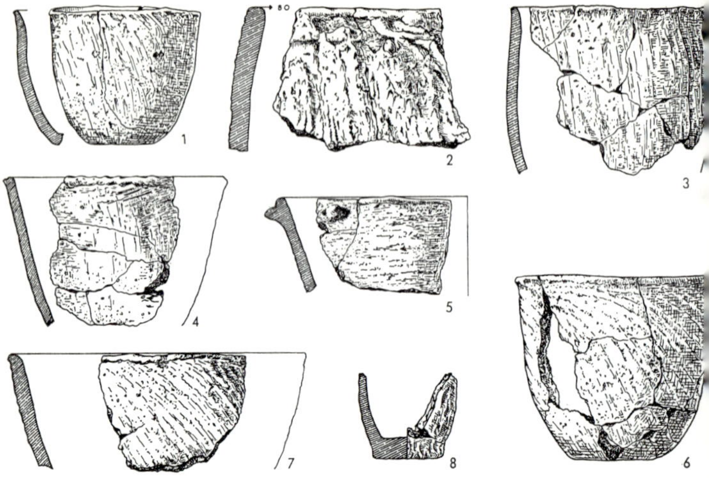

Jüngere Michelsberger Keramik vom Munzinger Typ aus Höchst.

Fundzusammenhängen keines bestimmbar. Eine symmetrische Streitaxt aus Sachsenhausen gehört in die Michelsberger Zeit, aber nicht in diese Kultur. Das Kleingerät, Messerklingen und Kratzer oder dreieckige Pfeilspitzen, besteht aus grauem Feuerstein wohl des Maasgebietes. Auch Knochen- oder Horngeräte sind bezeugt, so zwei Glättgeräte aus Praunheim; ebendort haben wir auch einen Mahlstein.

Michelsberger Gräber sind ausgesprochen selten; wir kennen einige Flachgräber mit Hockerbestattungen, etwa aus Marxheim, wo aber die Feuerspuren in der Grube und die Steinhäufung am Boden eher auf eine Siedlungsstelle deuten. Aus Michelsberger Wohnstätten und Festungsgräben sind irreguläre menschliche Skelettfunde bezeugt, die kultische Praktiken vermuten lassen. Kannibalismus ist in unserer Vorgeschichte weithin und schon seit den Tagen der Bandkeramik bekannt. Megalithgräber kommen bei uns nicht vor; von Frankfurt aus liegen die nächsten im Gießener und Limburger Becken, zum hercynischen Kreis der großen Steinkisten gehörend. Megalithische Gruppen rahmen auch im Süden und Westen das Michelsberger Gebiet ein, das sich so gegen die markanteste Kulturerscheinung des Jungneolithikums abgeschlossen hat.

Anders verhält es sich mit einem besonderen Zweig der Megalithik, den Menhiren oder Monolithen, worunter man einzeln stehende säulenförmige oder plattige Steine versteht. Sie werden in das Jung- oder Endneolithikum gestellt, obwohl es bisher nicht gelungen ist, sie mit bestimmten Kulturgruppen zu verbinden. Ihre Verbreitung weicht von derjenigen der Megalithgräber ab, und so sind sie im Rhein-Main-Gebiet gut vertreten. Daß sie Grabmonumente wären, ist nicht erwiesen, es können auch Denkmäler für religiöse oder politische Vorgänge sein, wie schon in der Bibel beschrieben wird. Ihr Name erscheint oft mit den „Hünen“, oder, im Volksmund verdreht, den „Hühnern“ verbunden. Hier ist zunächst der „Hinkelstein“ zu nennen, nach dem der Hinkelsteinforst im Frankfurter Wald heißt, einst Dreimärker zwischen Frankfurt, Kelsterbach und Schwanheim und längst verschwunden. In der Frankfurter Umgebung haben wir den „Gluckenstein“ an der Grenze von Bad Homburg und Kirdorf, die Flurbezeichnungen „Hühnerstein“ und „Grauer Stein“ in Obererlenbach, den „Gickelstein“ in Bad Vilbel, den „Katzenstein“ von Petterweil und den verschwundenen „Hinkelstein“ von Dietzenbach. Freilich brauchen solche Steine nicht unbedingt aus neolithischer Zeit zu stammen. In der Wetterau gibt es auch natürliche Felsbildungen, die fälschlicherweise als megalithische Denkmäler gedeutet worden sind, z. B. bei Eichen im Kreise Hanau und wohl auch bei Bad Vilbel.

Im ganzen wirkt das Bild der jungneolithischen Besiedlung im Frankfurter Raum noch etwas schwach, aber wir dürfen voraussetzen, daß die wirtschaftlichen und sozialen Verhältnisse von denen des Alt- und Mittelneolithikums nicht allzu verschieden waren, wenn auch der Rahmen geographisch eingeschränkt erscheint. Es ist ein merkwürdiges Phänomen in unserer Gegend, daß im Fortgang des Neolithikums, das mit der Bandkeramik so eindrucksvoll beginnt, die Überlieferung der Funde sich ständig vermindert. Diese Erscheinung setzt sich im Endneolithikum weiter fort und ist in anderen Teilen Mitteleuropas gar nicht typisch; zum Beispiel erscheint in Mitteldeutschland gerade das Jung- und Endneolithikum außerordentlich fundreich. Die archäologische Quellenlage wird durch viele schwer abschätzbare Faktoren beeinflußt, und wir müssen uns hüten, aus ihr direkte Schlüsse auf die Besiedlung zu ziehen.

Streitäxte und Becher

Das Endneolithikum wird durch die beiden großen Kulturkreise der Schnurkeramik und der Glockenbecher bestimmt, die man auch als „Becherkulturen" zusammenfaßt. Diese ein wenig hintersinnige Bezeichnung bezieht sich auf den „Becher", der als Trinkgefäß eine auffällige Rolle in den Gräbern spielt. Es gab ihn natürlich schon früher, aber nicht in so unmittelbar ansprechenden Formen. In den Männergräbern der Schnurkeramik pflegt er direkt neben dem undurchbohrten Beil oder der durchbohrten Streitaxt zu liegen, den Zusammenhang von Kampf und Trunk unterstreichend. Die Streitaxt in eleganter Form und unerschöpflicher Abwandlung ist das zweite Charakteristikum dieses Zeitalters. Ein strenges Totenritual regiert nun allerorten. Die Position des Körpers im Grabe, dessen Orientierung, die Anordnung der Beigaben, das differenziert sich nicht nur nach den beiden genannten Hauptkulturen, sondern auch nach den Geschlechtern. Die Kollektivbestattung geht nun zuende, daher man den nördlichen Zweig der Schnurkeramik in Dänemark und Norddeutschland als „Einzelgrabkultur", im Gegensatz zu den Megalithgräbern, bezeichnet. Für unsern Raum ist von Belang, daß mit der Schnurkeramik das monumentale Hügelgrab zuerst auftritt. In dieser Grabkultur spiegelt sich ein neues Lebensgefühl, das auf die Würde der einzelnen Person gerichtet ist.

Auf der anderen Seite verliert das Siedlungswesen jegliches Gesicht. Wohnplätze sind kaum bekannt, über die Hausformen tappt man im Dunkeln. Es entstand die Vorstellung von Nomaden oder Jägern, die in Zelten oder Wagen lebten. Dagegen spricht aber die lokale Gliederung der einzelnen Gruppen, das Vorkommen von Getreideabdrücken an der Keramik, auch das gehäufte Auftreten dieser Kulturen in einigen altbesiedelten Ackergefilden, wie Thüringen oder Böhmen. Vielleicht herrschte Einzelhofsiedlung mit Rahmenbau, was im Boden wenig Spuren hinterlassen würde, vielleicht waren auch die Flußauen stärker besiedelt, die heute unter den Hochflutlehmen verschüttet liegen.

Die *Schnurkeramik*, so genannt nach der typischen, aber keineswegs allein üblichen Art, Zierlinien durch in den Ton abgedrückte Schnüre herzustellen, erstreckte sich in zahlreichen Gruppen vom Rhein bis zur Wolga. Im engeren Sinne bezeichnet man damit

Westdeutscher Becher der Schnurkeramik aus einem Hügelgrab der Sandhofgruppe. Zu Seite 58.

Sammelfund langer Feuersteinklingen, endneolithisch, von Obereschbach. Zu Seiten 61 und 104.

die Erscheinungen der deutschen und böhmischen Mittelgebirgszone, zentriert auf Thüringen. Der Name „Streitaxtkultur“ bezieht sich auf den Besitz eigentümlicher Steinäxte mit abwärts gebogener Schneide, die vielleicht auf orientalische Kupferäxte zurückgehen. Im Gegensatz zu der hervorragenden Fertigung dieser Äxte steht die mindere Qualität des Tongeschirrs, verglichen mit dem der vorausgehenden Kulturen. Ein klassischer Grabfund der Schnurkeramik, schon 1817 gehoben, steht im Wiesbadener Museum und stammt dort aus einem Hügelgrab auf dem „Hebenkies“ an der Platter Straße. Dazu gehören eine schöne facettierte Streitaxt vom thüringischen Typ, zwei Ösenkrüge oder Amphoren, zwei Becher, ein Feuersteinmesser und ein Beinpfriem, sowie Rindsknochen. Die typische feierliche Haltung der schnurkeramischen Toten, als Hocker in westöstlicher Rückenlage mit seitwärts gelegten Gliedern, Männer nach rechts, Frauen nach links, den Blick nach Süden gerichtet, hat man in unserm Gebiet bisher kaum beobachten können, da moderne Untersuchungen fehlen. Das schnurkeramische Grab ist in den Boden unter die Sohle des darüber aufgeschütteten Hügels eingetieft, wenn es primär angelegt wird. Wird der Hügel geschleift, wie das im Ackerland der Normalfall ist, so erscheint das Grab als „Flachgrab“ ohne Hügel. Wird es dann vom Pflug getroffen und nicht erkannt, so erscheint die darin niedergelegte

Streitaxt als „Einzelfund". Auf diesem Hintergrund sind die schnurkeramischen Funde des Frankfurter Gebietes zu verstehen, über die nähere Nachrichten meist mangeln.

In einem Hügelgrab der Sandhofgruppe im Stadtwalde fand man 1888 in dem eingetieften Zentralgrab einen mit eingeschnittenem Fischgrätenmuster verzierten Becher, ein rechtkantiges Steinbeil, ein Feuersteinmesser und eine Schleifplatte, alles dicht zusammen wohl zu Häupten des vergangenen Skelettes. Der Hügel enthielt noch fünf Nachbestattungen der Hallstattzeit. Der oft abgebildete Becher gehört zur sogenannten „westdeutschen Bechergruppe", einem Ableger der Einzelgrabkultur. Die andern Frankfurter Grabfunde haben meist schnurverzierte Becher. Der etwa gleichzeitige Fund von Bonames besteht aus einer Amphore mit gepunkteten Strichbündeln und einem großen topfartigen Becher; weitere Teile des Fundes, vielleicht auch eine Streitaxt, dürften verloren sein. Eine gleiche Amphore mit einem Steinbeil und zwei Feuersteinmessern enthält ein Grabfund von Sossenheim, der 1880 in das Wiesbadener Museum kam. Schnurbecher, Steinbeile und

---

▶

Steinerne Streitäxte. 1: mittelneolithisch, aus dem Main. 2: jungneolithisch, von Sachsenhausen. 3-4: endneolithisch, Bootaxt von Kirschhofen und Facettenaxt von Niedermörlen.

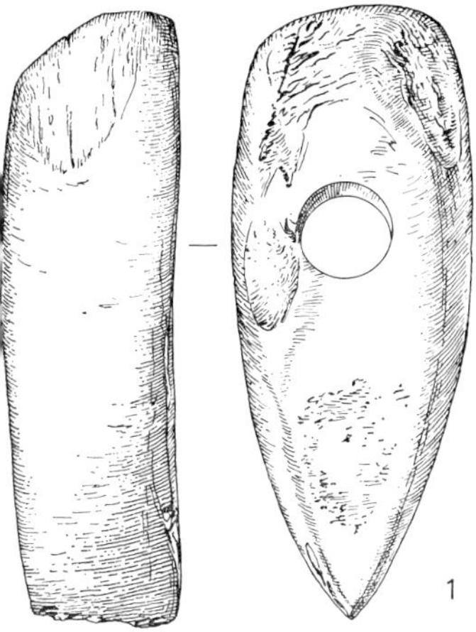

1

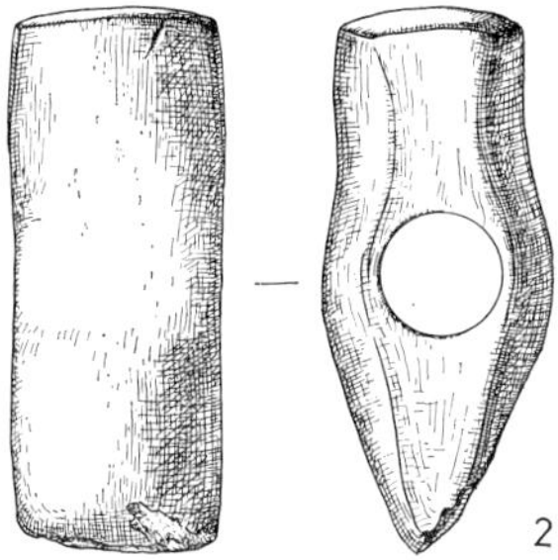

2

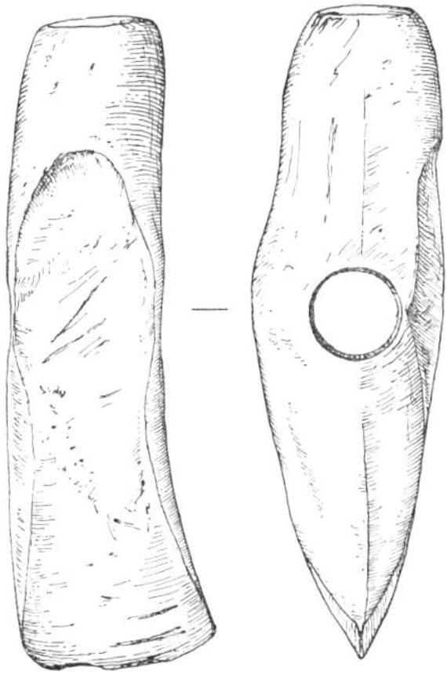

3

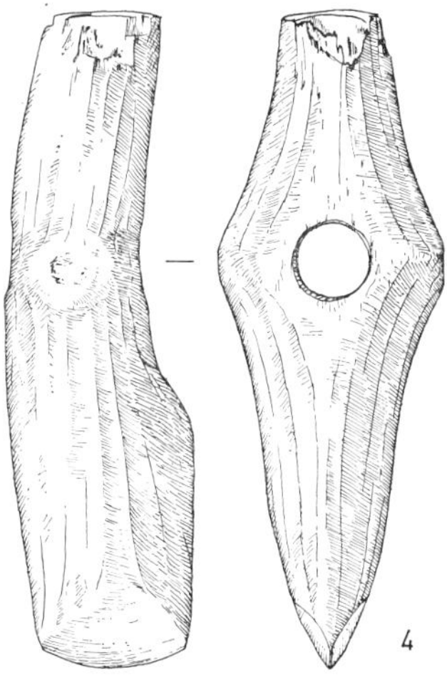

4

Messer gibt es in wechselnder Auswahl in Grabfunden von Eckenheim, Niederursel und Praunheim. Das vierkantige schnurkeramische Beil kommt in zwei Arten, größer mit gerundet rechteckigem und kleiner mit trapezförmigem Umriß, und meist mit schiefer Schneide vor. Bei allen diesen Funden blieben wahrscheinlich Teile der Grabausstattung unbeachtet. Einzelne Gefäße oder Scherben kennen wir noch vom Osthafen, von Heddernheim, Praunheim, Sossenheim und aus dem Stadtwald. Aus zerstörten Gräbern stammen wohl die im Stadtgebiet einzeln gefundenen Streitäxte, so Bonames, Eschersheim, Heddernheim, Höchst und Sossenheim. In den Kreis des schnurkeramischen Grabkultes gehören schließlich die offenen Ringgräben, bekannt in dem großen Hügelgrab im Eichlehen und innerhalb der bandkeramischen Siedlung des Osthafens.

Auch das Umland ist reich an schnurkeramischen Funden. Von Niedermörlen, Kr. Friedberg, und von Kirschhofen bei Weilburg zeigt unsere Ausstellung die beiden Grundtypen der älteren schnurkeramischen Äxte, die thüringische Facettenaxt und die glatte Bootaxt der Einzelgrabkultur. Beide Axttypen streuen durch das Untermaingebiet, die Facettenaxt mehr flächig, die Bootaxt eher an die Flußläufe gebunden. In den Wäldern am Rande der Rhein-Main-Ebene gibt es noch ganze Gruppen von schnurkeramischen Hügelgräbern, und in Starkenburg sind mehrfach aus Hallstatthügeln schnurkeramische Scherben bekannt geworden. Ferner treten nun kapitale Kupferfunde auf. Von Eschollbrücken und aus der Umgebung von Mainz kennt man drei kupferne Streitäxte typischer Form, aber mit Schafttülle, von Niederramstadt, Steinfurth und Groß-Gerau je ein Kupferbeil, und schließlich von Kelsterbach den Fund von 1938, der, außer einer Amphore und dem Boden eines zweiten Gefäßes, drei Armspiralen, vier Fingerspiralen und 106 Tropfenperlen aus Kupfer enthielt.

Zur schnurkeramischen Kultur gehören flächig retuschierte Feuersteindolche, ein Typ, der sich in der frühen Bronzezeit fortsetzt und Metallklingen nachahmt. Wir kennen solche Stücke aus dem Mainbett oberhalb Frankfurts und dem Schwanheimer Wald, von der Saalburg und von Offenthal. Zu erwähnen ist ferner ein schmales Silexflachbeil von Niedererlenbach, Kr. Friedberg, 1962 vom Acker einer Frankfurter Stiftung in unser Museum eingeliefert, dessen Typ in der westlichen Schnurkeramik vorkommt und an die dort gebräuchlichen überschliffenen Spandolche erinnert. Hier ist auch auf den weiter unten zu besprechenden Schatzfund langer Feuersteinklingen von Obereschbach, Kr. Friedberg hinzuweisen.

Weniger zahlreich sind die Funde der *Glockenbecherkultur,* die insgesamt eine mehr westliche Verbreitung hat und von der Iberischen Halbinsel bis ins östliche Mitteleuropa reicht. Innerhalb des Rhein-

Main-Gebietes liegt ihr Schwerpunkt in Rheinhessen, wo die Schnurkeramik kaum noch vorkommt. Das namengebende Gefäß, der glockenförmig geschweifte Becher, erscheint gedrungener als der Schnurbecher und ist mit waagerechten Zonen fein gestempelter geometrischer Ornamente verziert. In entsprechender Dekoration gibt es auch Schalen. Steinerne Äxte oder Beile sind in den Gräbern nicht bekannt, Flintpfeile wohl meist übersehen; mit ihnen korrespondieren die gebohrten steinernen „Armschutzplatten", in denen man einen Gelenkschutz gegen die zurückschnellende Bogensehne sieht. Allgemein herrscht in der Glockenbecherkultur das Flachgrab, doch wurde in Hügelgräbern der Schnurkeramik nachbestattet. Man darf voraussetzen, daß die Gräber beider Kulturen zumindest mit Holzplanken ausgezimmert waren; die in anderen Gegenden üblichen Steinkisten fehlen in unserm Raum. Die Toten der Glockenbecherkultur wurden als Hocker streng auf der Seite in nordsüdlicher Richtung niedergelegt, die Männer links mit Kopf im Norden, die Frauen rechts mit Kopf im Süden, beide nach Osten blickend. Verwandtschaft und Gegensatz zum schnurkeramischen Ritus sind hier gleichermaßen deutlich. Die Blickrichtung nach Osten setzt sich in Mitteleuropa in der frühen Bronzezeit fort. Der anthropologische Charakter der Glockenbecherleute ist scharf von dem der Schnurkeramiker unterschieden, indem diese lang-

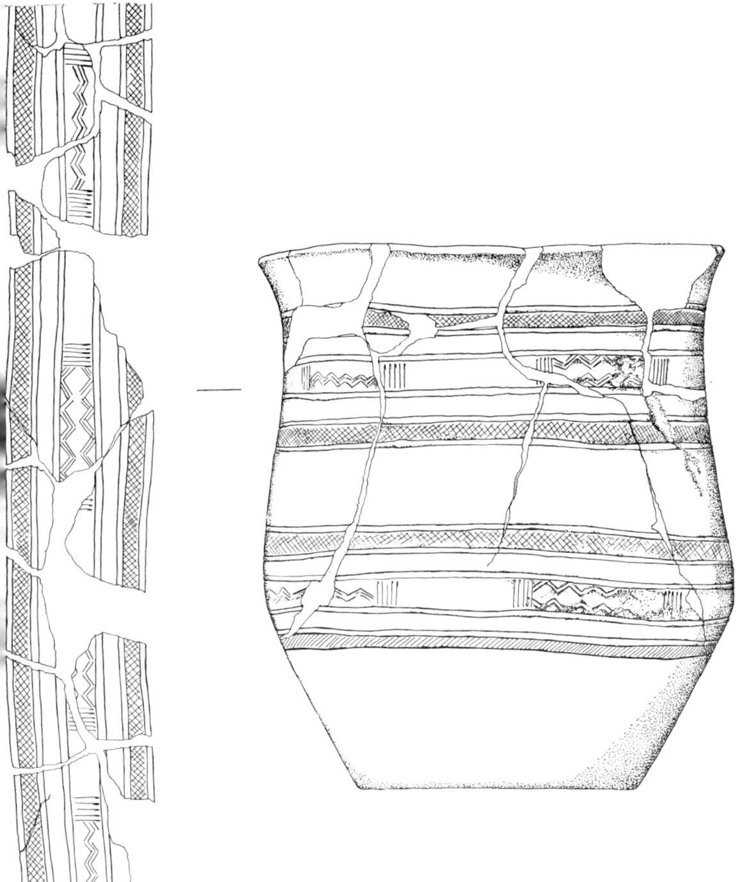

Glockenbecher von Eschersheim.

schädlig, jene aber kurzschädlig sind. Das historische Verhältnis der beiden Völkergruppen ist wohl so zu verstehen, daß die Glockenbecherleute in Mitteleuropa etwas später als die Schnurkeramiker aufgetreten sind und diese zum Teil verdrängt, zum Teil aber auch in ihrer Kultur beeinflußt haben. Im Rhein-Main-Gebiet prägt die Glockenbecherkultur später die Adlerbergkultur der frühen Bronzezeit.

Aus Frankfurt sind sechs Grabfunde mit Glockenbechern bekannt. Der schönste kam 1947 in Eschersheim heraus: ein großer verzierter Glockenbecher bei einem rechts liegenden, nordsüdlich gerichteten Hockerskelett. Bei einem ebenfalls rechten Hocker in der bandkeramischen Siedlung des Praunheimer Ebelfeldes lag der unverzierte Becher in typischer Weise hinter dem Rücken. Auch in der bandkeramischen Siedlung des Osthafens fand sich ein Glockenbechergrab, mit einem wenig charakteristischen unverzierten Becher, fälschlich zunächst der Michelsberger Kultur zugewiesen, der zu Häupten des Hockers lag. In Sossenheim, Zeilsheim und im Stadtwald enthielten die Gräber zum Teil zwei Becher, einen verzierten und einen unverzierten. Der Stadtwaldbecher, aus einem Hügelgrab der Sandhofgruppe, gehört sicherlich zu einer Nachbestattung.

In der Glockenbecherkultur kennt man einige Siedlungen. Mehrere verzierte Glockenbecherscherben, die 1966 aus dem Enkheimer Ried gebaggert wurden, sind kaum anders zu deuten. Siedlungsschichten dieser Kultur wurden auch auf den Dünen bei Rüsselsheim gefunden. Im übrigen stellt ein loses Netz von Grabfunden mit Glockenbechern im Taunusvorland und in Starkenburg die Verbindung zum rheinhessischen Kernraum her. Ein Grab von Eschollbrücken bei Darmstadt enthielt eine verzierte Fußschale, eine profilierte Knochennadel und eine Armschutzplatte. In Astheim, Kr. Groß-Gerau konnte ein linker nach Nordosten gerichteter Hocker mit unverziertem Becher auch anthropologisch als männlich bestimmt werden. Den Ausblick auf die frühbronzezeitliche Adlerbergkultur gibt ein nach Glokkenbecherart verziertes spitzbodiges Täßchen von Esselborn, Kr. Alzey, das in unserm Museum zusammen mit einer ähnlichen, aber unverzierten Tasse von Frankfurt-Eckenheim ausgestellt ist.

Ein entsprechendes Gefäß kam 1969 auf einem kleinen Friedhof der Adlerbergkultur von Hofheim zum Vorschein, der im Bereich des römischen Steinkastells aufgedeckt wurde. Hier fanden sich Baumsärge, zum Teil mit Steinschutz, und die Tradition der Glockenbecherkultur zeigte sich in der Orientierung der Hocker und der Beigabe einer Armschutzplatte.

In das Endneolithikum gehören wohl mindestens zum Teil die spitznackigen gut geschliffenen Beile aus edlem Grünstein, wie Nephrit oder Jadeit, deren

Kulturzugehörigkeit unbekannt bleibt, obwohl man dazu neigt, sie der Glockenbecherkultur zuzuschreiben. Ihr Querschnitt ist oval oder vierkantig, die Schneide oft schief und der Nacken spitzer als bei den entsprechenden Felsbeilen des Jungneolithikums. Aus Frankfurt sind nicht weniger als neun Exemplare bekannt, davon stammen aber fünf in offenbar sekundärer Verwendung aus Heddernheim, wo sie in den römischen Töpfereien als Glättinstrumente Verwendung fanden. In Bergen wurde ein solches Beil 1966 beim Abbruch eines Stalles in einer Mauernische gefunden, wo es von abergläubischem Gebrauch zeugt. Ein Beil stammt aus der Nidda-Aue bei Praunheim, eines aus der Nähe der Bockenheimer Warte im Westend, ein weiteres aus dem Ortskern von Bergen. In diesen Fällen ist der primäre Fundcharakter zweifelhaft. Beile aus edlem Grünstein sind weit verbreitet, ein besonders großes und schönes Flachbeil dieser Art aus Hofheim ist im Museum Wiesbaden ausgestellt und wird dort als „Kultbeil" gedeutet. Ein Fund mit fünf spiegelblank polierten Jadeitbeilen von Gonsenheim liegt im Mainzer Museum.

Hügelgräber im Stadtwald

Mit der schnurkeramischen Kultur hielt bei uns die Sitte des monumentalen Grabhügels ihren Einzug und dauerte an durch die Bronzezeit und den älteren Teil der vorrömischen Eisenzeit, in deren jüngerem Teil sie erlischt. Das einmal errichtete Hügelgrab zog immer wieder Grablegungen auf sich, konnte bei Nachbestattungen vergrößert werden, dabei zu bedeutender Höhe anwachsen und schließlich Dutzende von Gräbern über viele Perioden hinweg enthalten. Manche Hügel liegen isoliert, meist scharen sie sich aber in Gruppen, jeweils einem bestimmten Siedlungsplatz zugeordnet. Die Ausgrabungen haben gelehrt, daß Nachbestattungen sich nicht auf die Hügel beschränken, sondern als Flachgräber auch zwischen ihnen und am Rande der Hügelgruppen angelegt sein können. In der Erforschung dieser Erscheinungen stehen wir noch am Anfang. Die Hügelgräber hatten ursprünglich nicht das sanfte Profil, das sie heute unter dem ausgleichenden Einfluß von Schwerkraft, Wasser und Wind darbieten. Vielmehr waren sie kleine Bauwerke, errichtet aus Erde, Rasensoden, Holz und meist auch Steinen, außen mit niedriger Mauer, Palisade oder Graben umgeben, innen mit oft kunstvollen Grabbauten gefüllt und oben durch ein Mal, eine Stele, einen Pfahl oder Stein gekennzeichnet, wobei vielleicht auch Farben und Fahnen eine Rolle spielten. Im Bereich der süddeutschen Hallstattkultur, in Hirschlanden, Kr. Leonberg, wurde am Rande eines Hügelgrabes eine steinerne Grabstele gefunden, die einen mit Helm, Maske, Halsring, Gürtel und Dolch bewehrten, sonst nackten Mann in Lebensgröße darstellt. Ein vergleichbares Fragment stammt von Raibreitenbach im Odenwald. Wir werden sehen, daß mit solchen Monumenten auch bei uns zu rechnen ist. Gründe der Abwehr gegen Menschen oder Dämonen mögen hier mitgespielt haben; sicherlich war es unheimlich, solche Gräber bei Nacht zu besuchen. Andererseits lagen die Grabhügel an den Verkehrswegen, denn damals wie heute legte man Wert auf eine Verbindung der Lebenden mit den Toten; sie lagen aber grundsätzlich außerhalb der Siedlungen und getrennt von den Heiligtümern. Dies letztere Moment scheidet den Geist der Antike von dem des Christentums.

Die Hügelgräber waren zu ihrer Zeit in unserer Landschaft ein bestimmendes Element, wie man das heute noch in den östlichen Steppen oder in Mitteldeutschland sehen kann. In unserer Gegend sind sie aber im Ackerland seit dem Mittelalter abgetragen und nur in den Wäldern bewahrt geblieben. Die Bedeutung des Frankfurter Stadtwaldes liegt eben darin, daß die Hügelgräber hier in ihrer ursprünglichen Zahl und Verbreitung noch erhalten sind, dazu relativ ungestört, wenn man die Lage in den Staats-

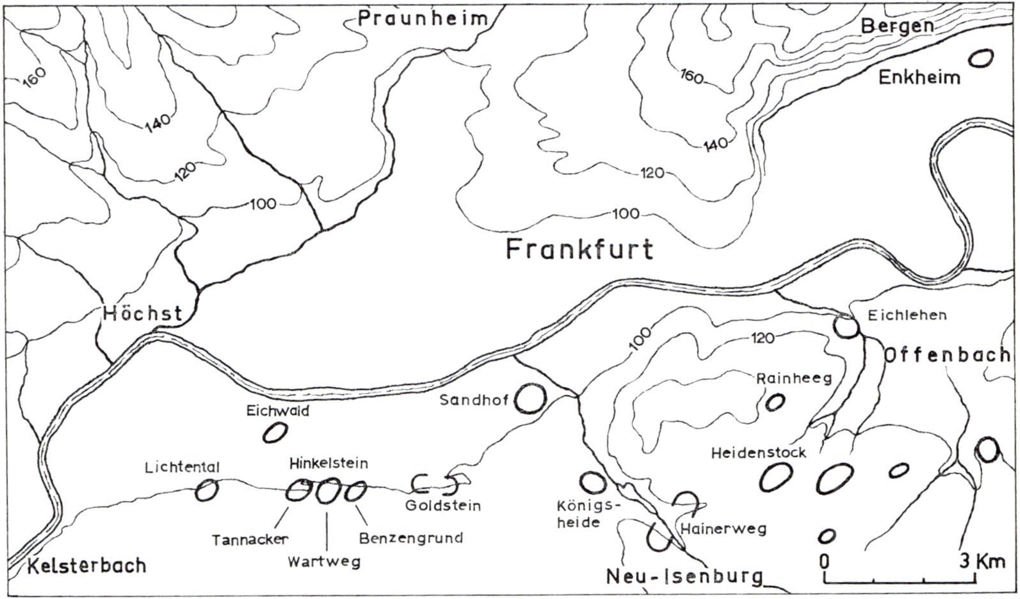

Hügelgräbergruppen im Frankfurter Maintal.

forsten vergleicht. Sie zählen im Stadtwald an die dreihundert und erscheinen in einem Dutzend von Gruppen gesammelt, die sich an einem vorgeschichtlichen Wege entlang der Südkante des Maintales aufreihen. Dieser sogenannte „Bischofsweg“ läuft von Westen her am Rande der diluvialen Kelsterbacher Terrasse entlang, dann jenseits des Luderbaches über den Sachsenhäuser Berg und weiter an Oberrad vorbei durch das Eichlehen nach Offenbach. Die Hügelgräber liegen mit Vorliebe an kleinen Taleinschnitten, wo Querwege von der Terrasse in die Niederung abzweigten und die zugehörigen Siedlungen an den Fernweg banden.

Vermessen wurden bisher die Hügelgräbergruppen des westlichen Stadtwaldes (Unterwald und Schwanheimer Wald) sowie die östlichste Gruppe im Eichlehen. Im Westen finden wir zunächst eine Gruppe auf den Flanken des wasserreichen *Lichtentales* (12 Hügel), zum Teil von den Bomben des letzten Krieges getroffen. Dann kommt nach Osten die mächtige Hinkelsteingruppe, die schon den älteren Autoren A. Hammeran und G. Wolff bekannt war, dreigeteilt in die Untergruppen im *Tannacker* (noch 38 Hügel), am *Wartweg* (noch 67 Hügel, mit Störungen einer Kriegsstellung) und im *Benzengrund* (23 Hügel, davon 2 östlich der Autobahn). Im Osten beschließt den Schwanheimer Wald die *Goldsteingruppe* im Bereich des Golfplatzes beiderseits der Pump-

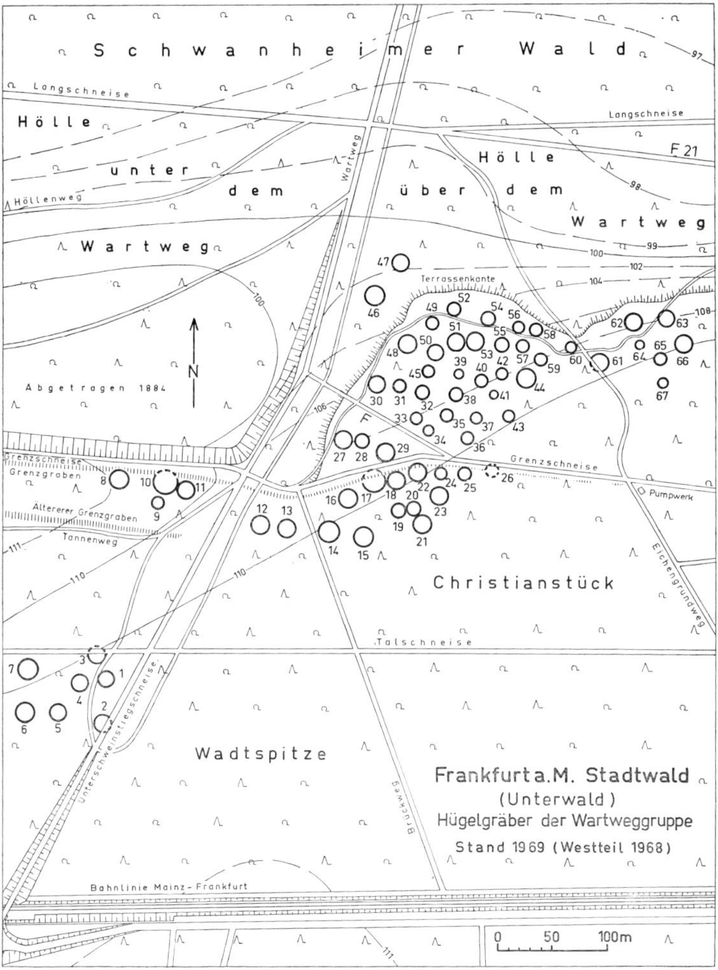

Hügelgräber der Wartweggruppe im westlichen Stadtwald.

station Goldstein (mindestens 11 Hügel). Leider ist die Terrasse vor dem Tannacker bis an die Westseite des Wartweges, sowie westlich der Pumpstation Goldstein abgegraben und künstlich versteilt worden, wobei eine unbekannte Zahl von Hügeln verloren ging. Mit dem gewonnenen Kies hat man den Frankfurter Hauptbahnhof aufgeschüttet. Am Lichtental, östlich des Wartweges und im Ostteil des Golfplatzes ist die ursprüngliche geologische Situation noch erhalten. Die Terrasse steigt hier sanft um 6-14 Meter über die Talniederung an und erscheint dann eben. Hier oben läuft der Bischofsweg als Grenzschneise, ehemals zwischen dem Frankfurter Wald und dem nassauischen Schwanheimer Wald. Der Grenzgraben mit niedrigem Wall und wappengeschmückten Grenzsteinen ist streckenweise noch erhalten; einmal wurde gefunden, daß er in seinem Zug ein Hügelgrab aussparte. Auf der Terrasse scharen sich die Hügel, teils Abstand von ihrem Rande haltend, wie im Benzengrund, teils dicht an diesen herantretend und sogar den Hang hinuntersteigend. Besonders eindrucksvoll ist der Plan der leider beschädigten Wartweggruppe beiderseits des Wartweges und der ihn nach Süden verlängernden Unterschweinstiegschneise: östlich des Weges liegen zwei Hügel am Fuß der Terrasse, die Masse oben auf einem bastionsartigen Vorsprung. Westlich des Weges trifft man noch einige Hügel auf der abgegrabenen

Südschnitt des großen Hügelgrabes im Eichlehen, mit Steinpackung der späten Hallstattzeit. Zu Seite 81.

Großes Hügelgrab im Eichlehen. Grabkammer der mittleren Hallstattzeit mit Stele. Zu Seite 82.

Terrassenkante. Eine Nebengruppe von sieben Hügeln, die sich rückwärts westlich der Unterschweinstiegschneise absetzt, stellt vielleicht einen späteren Ausbau dar. Im übrigen hat jede Hügelgräbergruppe ihre Besonderheiten. Im Tannacker bemerkt man einen runden leeren Platz, von größeren Hügeln eingefaßt, der vielleicht eine besondere Funktion hatte; am Südrand der Gruppe werden die Hügel immer kleiner und klingen allmählich aus. In der Wartweggruppe liegen die größeren Hügel an den Rändern, die kleineren in der Mitte. Die Benzengrundgruppe, wie übrigens auch die Eichlehengruppe an der Offenbacher Grenze, schart sich um zwei besonders große Hügel.

Im Schwanheimer Wald liegt eine Gruppe, die des *Eichwaldes*, weit vor der Terrassenkante in der Talniederung, nahe am Ortsrand (14 Hügel).

Weiter nach Osten, im Oberwald, treffen wir die eindrucksvollste Hügelgräbergruppe des Stadtwaldes am *Sandhof* und östlich der Rennbahn, welch letztere sicher mit einigen Hügeln aufgeräumt hat, unmittelbar an der Ausfallstraße nach Mörfelden. Der Luderbach, früher Königsbach geheißen, fließt östlich von ihr und ebenso weiter südlich an der Gruppe der *Königsheide*, auch Judenkirchhof genannt, vorbei. Dem Bachtal folgend, stößt man kurz vor Neu-Isenburg auf einige Hügelgräber an der *Schillerruhe* und am *Hainerweg*. Die nächste Gruppe nach Nordosten liegt am *Heidenstock,* wo die Babenhäuser Landstraße die Stadtgemarkung verläßt, zum Teil im Schatten des Müllberges sowie nördlich der Straße. Auch am Sachsenhäuser Berg mögen einst Hügelgräber gelegen haben, doch ist dort seit dem 14. Jahrhundert gerodet. Die östlichste Frankfurter Gruppe besetzt das sumpfige Gelände des *Eichlehens* (noch 32 Hügel); sie wurde jüngst beim Straßenbau angeschnitten. Weitere Hügelgruppen folgen in den Offenbacher Waldungen. Einzelne Hügel zwischen den Gruppen sind bei neueren Erkundungen hinzugekommen. Der Abstand der Hügelgräbergruppen zeigt eine gewisse Regelmäßigkeit, die bei etwa 1,5 km liegt. Dies dürfte der Weite des vorgeschichtlichen Siedlungsnetzes entsprechen, das, nach der Zahl der Hügel in den einzelnen Gruppen zu urteilen, aus kleinen Weilern oder Einzelhöfen bestand. Die Größe der Hügel hängt nicht nur von der Bedeutung der Bestatteten, sondern auch von der Zahl der Nachbestattungen ab; ohne Ausgrabung ist hier kein klares Bild zu gewinnen. Die Hügel sind nur selten höher als 1,50 m, meist niedriger als 1 m, und haben Durchmesser bis zu 20 m. Die maximalen Höhen liegen über 2 m und vielleicht bei 3 m; die Vermessungen sind noch nicht abgeschlossen.

In der Umgebung Frankfurts finden sich Hügelgräber in den Wäldern des Vordertaunus bei Hofheim, Oberstedten, Bad Homburg und Köppern, fer-

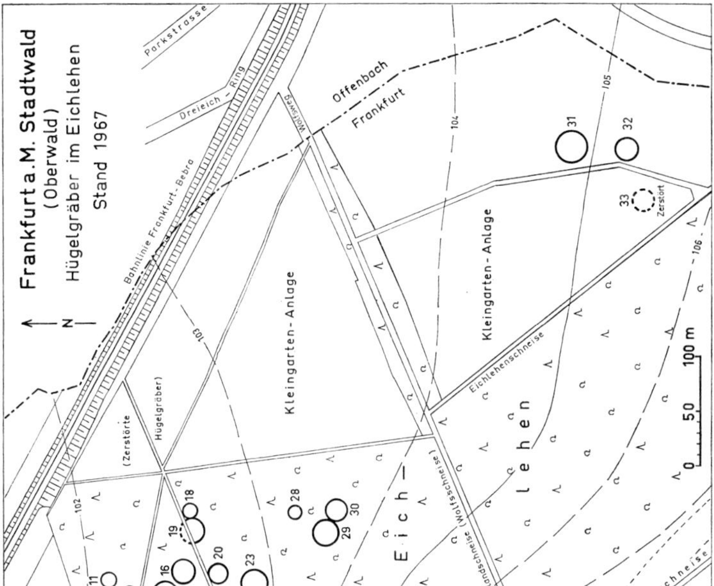

Hügelgräber der Eichlehengruppe im östlichen Stadtwald.

ner auf der Nordseite des Maines in den Wäldern von Enkheim, Bischofsheim und Dörnigheim. Im offenen Land blieb kein Hügelgrab erhalten. Der sogenannte Bachberg bei Preungesheim dürfte eine Burganlage des Hochmittelalters sein.

Nicht immer sind die Hügelgräber äußerlich, ohne Bohrung, von natürlichen Dünen zu unterscheiden. Gelegentlich trifft man einzelne Grabhügel einem Dünenzug aufgesetzt, so nördlich der Babenhäuser Landstraße. Der vorgeschichtliche Mensch war hier nicht wählerisch und unterlag vielleicht selber einem Irrtum. Jedenfalls finden wir alte Gräber in Dünen, zum Beispiel bei Schwanheim im Ostteil des Eichwaldes und am Kelsterbacher Weg, oder beim Oberräder Waldfriedhof. Eine solche „Gräberdüne" war auch die inzwischen abgetragene „Schwedenschanze" westlich von Fechenheim, nahe dem östlichsten Hafenbecken. Ähnliche Dünenfunde gibt es in Starkenburg, etwa von Steinheim, Kr. Offenbach, oder Wixhausen, Kr. Darmstadt.

Es ist möglich, daß nördlich der Nidda der Rand der Mittelterrasse ähnlich mit Hügelgräbern besetzt war, wie die entsprechende Kelsterbacher Terrasse südlich des Maines. Einzelne Grabfunde weisen darauf hin. Der landschaftliche Eindruck, vor der Kulisse des Gebirges, wäre bedeutend gewesen.

Ausgrabungen in den Hügelgräbern des Stadtwaldes gehen schon in das 18. Jahrhundert zurück;

der jüngere Lersner berichtet darüber in seiner Frankfurter Chronik von 1734 mit guten Bildern. Einzelne Untersuchungen fanden im Laufe des 19. Jahrhunderts im Frankfurter Wald, etwa im Hinkelsteinforst, auf der Königsheide und am Heidenstock, wie auch, von Wiesbaden aus, im Schwanheimer Wald statt. Hier fand A. v. Cohausen 1883 bei der Untersuchung von fünf Hügeln im abgetragenen Teil der Tannackergruppe, auf Schwanheimer Seite im Distrikt Hölle, außer hallstättischen auch mittelbronzezeitliche Gräber. In der Sandhofgruppe des Frankfurter Oberwaldes hat A. Hammeran schon 1875-76 zwei Hügel und dann, mit Ph. O. Cornill zusammen, beim Bau der Waldbahn 1888 an der Niederräder Landstraße vier Hügel untersucht. Man traf jeweils bis über ein Dutzend Bestattungen von der Schnurkeramik bis in die Hallstattzeit. Hier ist ein letztes Mal am Dreiperiodensystem der Vorgeschichte gezweifelt worden, obwohl die Funde seine Richtigkeit zeigten. Wiederum im Schwanheimer Wald wurde 1905 ein Hallstatthügel (Nr. 4 der Goldsteingruppe) auf dem alten Poloplatz, östlich des heutigen Golfplatzes, von E. Franck ausgegraben. Im Westteil des Golfplatzes, bei dessen Anlage, untersuchte K. Woelcke 1927 einen ebenfalls der Hallstattzeit angehörigen Hügel; er fand einen Steinring wohl mit sekundären Steingräbern, ein zentrales Brandgrab mit schöner Keramik am Nordende einer nordsüdlich eingetieften

Grube und eine gleichgerichtete höhere Steinpackung. Im Distrikt Rainheeg des Oberwaldes, südlich von Oberrad, grub Woelcke 1924 zwei einer Düne aufgesetzte Hügel aus, die Steinkränze und Körpergräber der Frühlatènezeit mit Eisenwaffen enthielten. Näher bei Oberrad fanden sich schon 1911-12 Brandgräber der Hallstattzeit und Körpergräber der Latènezeit beim Abtragen einer Düne auf dem neu angelegten Waldfriedhof.

Nach dem letzten Kriege mußte 1960 ein großes Hügelgrab der Sandhofgruppe an der Nordseite der Rennbahn zur Hälfte untersucht werden, das einem Reitstall im Wege stand. Es enthielt im Zentrum auf dem alten Boden ein Brandflächengrab vom Ausgang der Bronzezeit und darüber als Nachbestattung ein Körpergrab der mittleren Hallstattstufe mit Eisenschwert. Die Neuanlage von Hügelgräbern am Übergang der Bronze- zur Hallstattzeit ist auch sonst im Rhein-Main-Gebiet geläufig. Der Hügel an der Rennbahn war in zwei Phasen aufgeschüttet und enthielt zwei Steinringe, die sich als dunkle Infiltrationen abhoben. In der jüngeren Schicht fanden sich steinumstellte beigabelose Nachbestattungen, die für die späte Hallstattstufe unserer Gegend charakteristisch sind. — Im Unterwald fiel 1964 am Ostrand der

---

▶

Bemalte tönerne Hallstattschale aus Hügelgrab 1 der Wartweggruppe im Stadtwald.

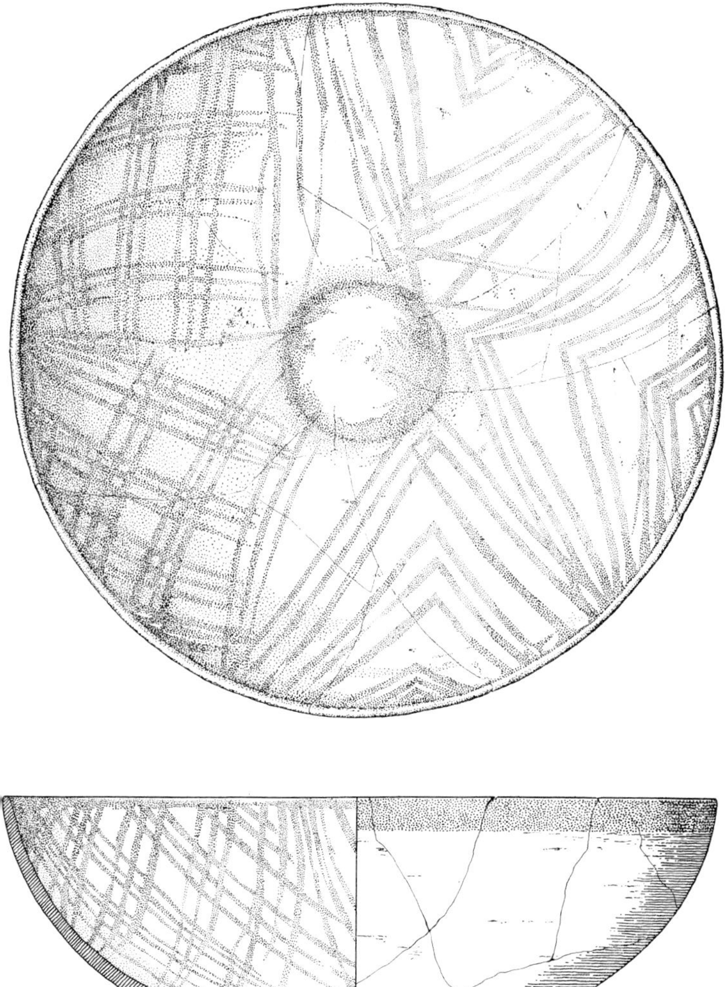

Wartweggruppe ein kleiner Hügel einer Wasserleitung zum Opfer. Er brachte Hallstattscherben und einen Ringgraben und war vom historischen Grenzgraben ausgespart. — Im Südwestteil der Wartweggruppe wurden zwei der „Siebenhügel" 1968 vom Bau der Fernheizung nach dem Flughafen berührt. Hügel 2 war schon zur größeren Hälfte von der Unterschweinstiegschneise zerstört und wurde nun gänzlich abgetragen; es konnten noch ein Ringgraben und Hallstattscherben festgestellt werden. Ein gotischer Kannenscherben im Hügelmantel berichtet von einer Rast an dem schon mittelalterlichen Wege. Hügel 1, noch unberührt, verschwand zur Hälfte in der Heizungs-Trasse. Er hatte ein Zentralgrab der mittleren Hallstattstufe, in den Untergrund nordsüdlich eingetieft und mit Sandsteinen aus der Kelsterbacher Terrasse lose umstellt, ursprünglich wohl mit einer Holzkammer. Das Grab enthielt ein halbes Dutzend Gefäße, wovon am Südende eines die mit Leichenbrand gefüllte Urne war. Allgemein ist es Ritus in der Hallstattzeit, den Toten mit Blick nach Norden beizusetzen. Die Brandbestattung folgte hier in der Grabanlage der Sitte bei Körperbestattung, die Urne stand also am Kopfende. Zwei Nachbestattungen dürften der späten Hallstattzeit angehören, im Hügelmantel fand sich noch eine neolithische Pfeilspitze.

Man kann nach den Funden vermuten, daß die Masse der kleineren Hügelgräber des Stadtwaldes

Bronzebeschlagenes Joch mit Zaumzeug aus der Hallstattkammer im großen Hügelgrab des Eichlehens. Zu Seite 84.

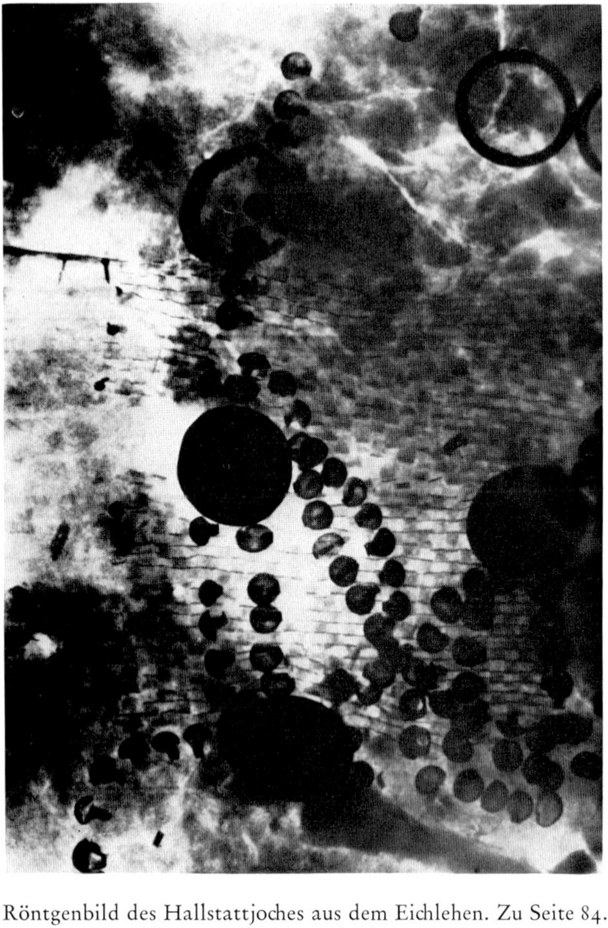

Röntgenbild des Hallstattjoches aus dem Eichlehen. Zu Seite 84.
Aufnahme städt. Krankenhaus Höchst.

der Hallstattzeit angehört, und daß die größeren Hügel, die in ältere Perioden zurückgehen, wenigstens Nachbestattungen dieser Zeit enthalten. In der Hallstattkultur tritt zum ersten Mal in unserer Gegend farbig bemalte Keramik auf, in den typischen geometrischen Mustern der südhessischen „Koberstadter“ Gruppe. Ein Töpferofen fand sich in Rödelheim.

Die vorgeschichtliche Grabkultur des Stadtwaldes erschien exemplarisch abgespiegelt bei der Ausgrabung eines großen Hügelgrabes im Eichlehen (Nr. 1) 1966-67, das anschließend dem Bau der Osttangente zum Opfer fiel. Der Hügel lag auf 55 m Durchmesser zerflossen und noch 2 m hoch mitten in der Trasse der Autobahn. Die Kuppe erschien abgeflacht und der Westrand um 13 m abgetragen. In seinem letzten vorgeschichtlichen Zustand, zur späten Hallstattzeit, maß der mit einem Graben umgebene Hügel 38 m Durchmesser und 3-4 m Höhe, bekrönt von einer steinernen Stele. An seiner Westseite führte wohl ein Weg auf den Mainübergang an der Kaiserlei, abzweigend von dem 300 m südlich vorbeiziehenden südmainischen Fernweg. Östlich und südöstlich schloß sich ein Feld von mindestens drei Dutzend kleineren Hügelgräbern an.

Die Geschichte dieses Hügels ist lang und verwickelt. Auf einer flachen Dünenschwelle, die sich aus dem graugrünen Niederungsboden durch eine kräftige Braunerde, Zeugnis der postglazialen Wärmezeit, heraushebt, wurde am Ende des Neolithikums ein 15 m weiter Ringgraben angelegt, vor dessen schmalem Tor im Süden ein Feuersteinspan lag. In der mittleren Bronzezeit wurde in der Mitte der Düne ein Brandgrab mit einem Kerbleistenteller eingesenkt und darüber ein 1 m hoher Hügel aus Rasensoden aufgesetzt. An seinem Rande und auch außerhalb legte man mehrere Nachbestattungen mit Steinschutz, wohl von Kindern, an, zum Teil in den bereits zugeschwemmten Ringgraben eingetieft. Dann wurde am Ende der mittleren Bronzezeit in der Mitte des Hügels und im Niveau der alten Oberfläche, also über dem zentralen Brandgrab, eine westöstlich gerichtete Grabkammer mit Steinpflaster und Steinschutz erbaut, die einen ausgestreckten bewaffneten Mann, Kopf im Westen, mit Nadel, Dolch, Rasiermesser und Gürtelhaken barg. Der Hügel wurde bei dieser Gelegenheit auf 1,50 m Höhe aufgeschüttet und mit einem Steinring eingefaßt. Zur späten Bronzezeit breitete sich auf dem Hügel und in seiner Umgebung ein kleines Urnenfeld aus. In der mittleren Hallstattzeit wurde der Hügel auf die obengenannte gewaltige Größe erweitert. Dicht über der bronzezeitlichen Steinkammer, aber nordsüdlich, errichtete man eine mächtige Holzkammer mit Steinpackung, die einen Mann mit reichen Beigaben enthielt. Der Kopf des ausgestreckten Skelettes lag im Süden, doch,

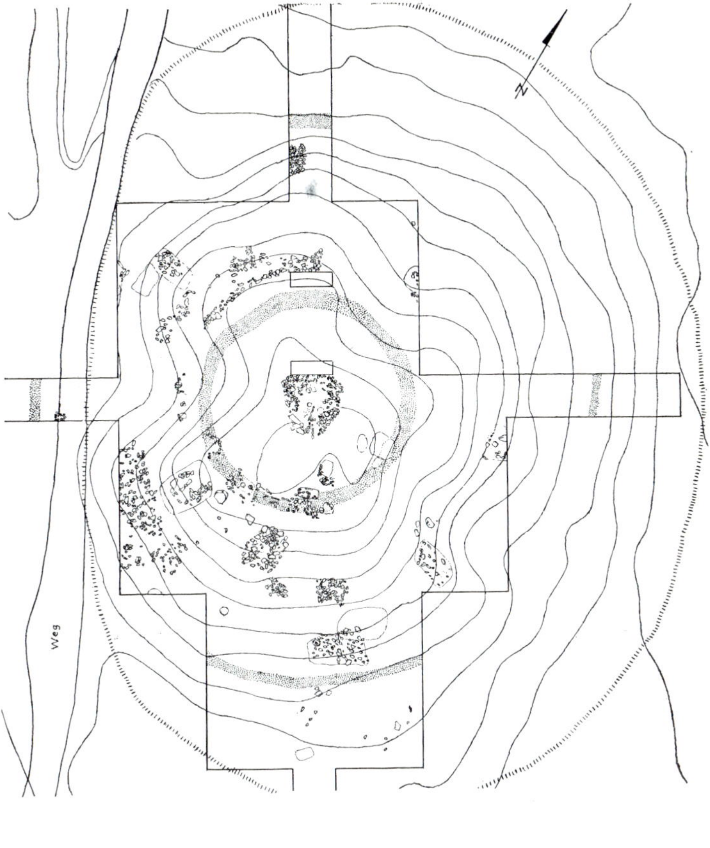

Grabungsplan des großen Hügels 1 im Eichlehen.

wohl infolge Einsturzes der Kammer, nicht an seiner Stelle. Beigegeben waren vier Bronzegefäße, ein bronzebeschlagenes Joch mit bronzeverziertem Riemenwerk und eisernem Zaumzeug für zwei Pferde, ein Bronzeschwert, ein goldtauschiertes Eisenmesser, bronzenes Kleingerät und Bernstein, zwei Tonschalen und ritzverzierte Keramik. Diese Funde sind in Hessen einzigartig, das Joch weist im besonderen nach Böhmen, wo Wagengräber der älteren Eisenzeit häufiger vorkommen. In die Kammer eingesunken stand mitten darin der grob behauene Fuß einer säulenförmigen Stele aus Rotsandstein, deren oberer abgeschlagener Teil, vielleicht figural gestaltet, einst den Hügel überragte, leider aber bei der Abtragung des Hügels nicht mehr gefunden wurde. Den Rand dieses jüngsten Hügels besetzten im Kranz ein Dutzend leere Steinpackungsgräber, teils radial, teils tangential gerichtet, die in die späte Hallstattstufe gehören dürften. In der Hügelschüttung wurden noch zwei mit Sparrenmuster verzierte schnurkeramische Scherben und eine kleine Steinhacke gefunden. Zahlreiche Schuttgruben hinterließen Besucher des 19. und 20. Jahrhunderts, auch Brandbomben des letzten Krieges fehlten nicht.

Es kann sein, daß bereits eine Notiz in Lersners Chronik auf das Jahr 1722 diesen Hügel meint; damals wurde beim Wegebau ein Urnengrab zerstört. Die ursprüngliche Höhe läßt sich nach dem eingesunkenen Stelenfuß abschätzen. Der Hügel konnte trotz zweijähriger Bemühung nicht in allen Randteilen ausgegraben werden. Ein riesiger Kalksteinhaufen, aus den Steinstrukturen des Hügels zusammengetragen, bezeichnet nun am Ostrand der Straße seine frühere Lage. Mit ihm und den ihn umgebenden mehrhundertjährigen Eichen ging zugleich eine der schönsten Partien des Frankfurter Waldes dahin.

Steinkisten und Urnenfelder

In Lersners Chronik der Stadt Frankfurt wird, unter anderem, im Jahre 1722 von einem Brandgrabe berichtet, das in einem Weinberg über Sachsenhausen ungefähr mannstief beim Sandgraben zum Vorschein kam. Es war mit Steinen umstellt und bedeckt und barg eine fast halbmeterhohe doppelkonische Urne, die außer dem Leichenbrand noch vier konische Schälchen sowie Bronzereste enthielt, während außerhalb eine kleine schön polierte Amphore mit Riefenzier stand. Lersners Fundberichte sind für ihre Zeit von einzigartiger Treue. Das beschriebene Grab ist ein typisches Zeugnis der spätbronzezeitlichen *Urnenfelderkultur*, die eben nach dieser Bestattungssitte ihren Namen trägt. Es ist das gewiß keine originelle Bezeichnung, denn Grabfelder mit Brandurnen gibt es auch in anderen Zeitaltern, aber man hat sich an

Die Erste, wie No. I. zu sehen, brachte mir Ao. 1722. Donnerstag den 29. Jan. Johann Braun, Burger und Wagen-Knecht allhier, wohnhafft in Sachsen-Hausen, welcher in seinem Weinberg, auff dem so genannten Mühlberg, durch Hermann Adolph und Clemens Rumpler, Sand graben lassen, da diese Männer ohngefehr eines Manns tieff hienunter gekommen, stossen sie auf einige auffrecht gestandene hiesige Ordinaire Mauer-Steine, worzwischen der Hafen No. 1. gestanden, und mit einem gleichfalls rauen Mauer-Stein gedeckt gewesen, in dem Töpffen ware schwartze Erde, weisse Beinlein, vier Schützlein (je eines über das ander umgekehrt, darvon das Kleinste wie No. 2. zu sehen gewesen ist) und einiger gekrümter Drath. Ohngefehr ein Schritt von diesem grossen Hafen hat No. 3. gestanden ohnzugedeckt. Als ich diese Leuthe fragte, ob sie mehrmahlen dergleichen Töpffen angetroffen? gaben sie mir die Nachricht, daß es ihnen nichts ohngewöhnliches seye, weilen sie nichts darin findeten, so schmissen sie die Scherben hinweg; wie auch die Hammels-Füsse.

▲

Fundbericht eines bronzezeitlichen Urnengrabes von Sachsenhausen. Aus Lersners Frankfurter Chronik von 1734.

▶

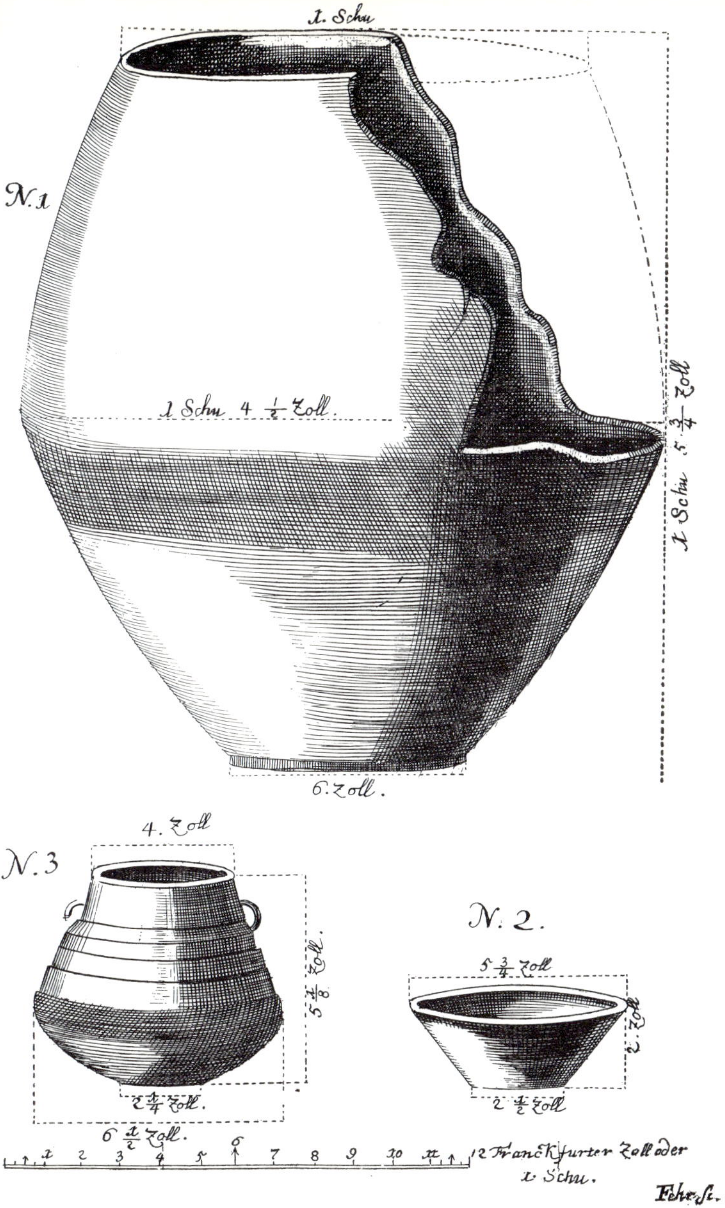

1. Schu
N. 1
1 Schu 4 1/2 Zoll.
1 Schu 5 3/4 Zoll
6. Zoll.
4. Zoll
N. 3
5 1/8 Zoll.
2 1/4 Zoll.
6 1/2 Zoll.
N. 2.
5 3/4 Zoll
2 Zoll
2 1/2 Zoll
1 2 3 4 5 6 7 8 9 10 11 12 Franckfurter Zoll oder 1 Schu.
Fehr sc.

sie gewöhnt, gleich ähnlichen wie „Einzelgrabkultur" oder „Grubengrabkultur", die noch weniger besagen. Die Leichenverbrennung ist an sich schon seit der jüngeren Steinzeit bekannt. Bei uns erscheinen die ersten sicheren Brandgräber in der mittleren Bronzezeit, wofür das Zentralgrab im großen Hügel des Eichlehens im östlichen Stadtwald das Beispiel gibt. Dieses ist aber kein Urnengrab, vielmehr versteht man unter einem solchen die Beisetzung der verbrannten Knochen in einem Gefäß, das normalerweise aus Ton besteht. Die Leichenverbrennung hängt mit religiösen Vorstellungen zusammen, deren ursprünglichen Sinn wir nur vermuten können; später spielt dabei die Trennung der Seele vom Körper und ihr Aufstieg in ein himmlisches Reich eine Rolle. Die Verbrennung dominiert in der späten Bronzezeit, tritt aber in der Hallstattzeit zum Teil und in der frühen Latènezeit weiter zurück. In der Spätlatènezeit und der frühen römischen Periode wird sie wieder herrschend, um dann in unserm Kulturkreis bis in die Neuzeit zu verschwinden. Heute ist sie aus weltanschaulichen und praktischen Gründen im Vordringen begriffen.

Die Brandgräber der Spätbronzezeit sind überwiegend Urnengräber, deren Anlage im einzelnen wechselt. Die Urne ist meist ein stattliches Gefäß, das die Brandknochen birgt, während die Beigaben innerhalb und außerhalb der Urne liegen und vom Feuer berührt oder nicht berührt sein können. Die

Urne kann frei im Boden stehen oder mit Steinen umstellt, dies auch symbolisch angedeutet, oder, was selten vorkommt, mit einem Tonfaß geschützt sein. Es gibt auch Brandgräber ohne Urnen, vielleicht mit vergänglichen Aschenbehältern. Von Holzverschalung der Grabschächte ist nichts bekannt. Ob zu Männer- und Frauengräbern spezielle Gefäßformen gehören, ist noch nicht untersucht, aber denkbar. An Bronzen erscheinen in den Gräbern einschneidige Messer, Rasiermesser, dazu Wetzsteine, ferner Pfeilspitzen, Nadeln mit verschieden gestalteten Köpfen, wobei in Männergräbern eine, in Frauengräbern dagegen zwei Nadeln beigegeben werden, schließlich Arm- und Halsringe und Spiralschmuck. Bei der Brandbestattung ist immer im Auge zu behalten, daß eigentlicher Bestattungsort der Scheiterhaufen ist und das Grab nur ein Depot, wo nicht alles wiederzukehren braucht, was bei der Verbrennung vorhanden war. Die Gräber der Urnenfelderkultur sind in der Masse Flachgräber, also unter die Erdoberfläche eingetieft, doch ist mit oberflächlicher Markierung zu rechnen. Sie kommen aber auch in Hügeln vor, wie die Beispiele des Stadtwaldes zeigen, und umgekehrt kann man an den Waldfunden sehen, daß es wirkliche Flachgräber ohne Hügel gibt. Die Flachgrabsitte bewirkt, daß die Urnenfelder zahlreich in den landwirtschaftlich genutzten Gebieten gefunden werden, wo die Hügelgräber verschwunden sind. Dies ist ein Grund, warum die Urnenfelderkultur im archäologischen Bestand so stark in den Vordergrund tritt. Gewöhnlich liegen die Gräber in Gruppen zusammen, wobei die Zahlen im Rhein-Main-Gebiet bisher über zwei Dutzend nicht hinausgehen. Hingegen kennt man im Donauraum und in Italien stattliche Felder mit vielen Hunderten von Urnengräbern, die der Kultur den Namen gaben.

In Frankfurt sind Funde dieser Zeit aus der Hälfte der Stadtbezirke bekannt, was dem Standard der frühmittelalterlichen Reihengräberkultur entspricht, doch handelt es sich meist um einzelne Gräber oder Siedlungsgruben. Im Osthafen wurde innerhalb der bandkeramischen Siedlung 1909 über ein Dutzend Brandgräber zum Teil mit Steinschutz gefunden, dazu drei mit besonderem Ausbau, worauf noch zurückzukommen ist. Fast ein Dutzend Gräber ist 1900-1901 bei Niederursel in der Ziegelei Falkenhan bekannt geworden. Ein Urnenfeld bei Zeilsheim lieferte ein halbes Dutzend. Ein Dutzend Brandgräber erbrachte auch der mehrschichtige Hügel im Eichlehen samt seiner Umgebung. In den Hügeln des Stadtwaldes treten Bestattungen der Urnenfelderkultur auch sonst häufiger auf; so fand man 1888 in einem Hügel der Sandhofgruppe vier Gräber unter einer schweren Steinpackung. Demgegenüber sind die Siedlungsfunde spärlich. Immerhin können wir auf einige Scherben aus den Schichten des Domhügels und dem Schlamm des Enkheimer Riedes hinweisen, sowie auf Gruben von Eschersheim und Rödelheim. Allgemein ist das Siedlungswesen der Urnenfelderkultur noch wenig erforscht. In der Endphase, kurz vor Beginn der Hallstattzeit, spielen Niederlegungen von Bronzen sowie Höhensiedlungen eine Rolle, wovon zwei folgende Kapitel handeln.

Die Tonware der späten Bronzezeit ist sehr ausgeprägt und gut brauchbar für die Abgrenzung von geographischen Gruppen. Scharfe Profile, Facettierung der Ränder, kräftige Riefenverzierung oder Ritzdekor in geometrischen Mustern und Girlanden, auch Buckelornament, charakterisieren diesen prätentiösen, geradezu metallischen Stil. Er unterscheidet sich absolut von den behäbigen Keramikformen der vorausgehenden Endphase unserer Mittelbronzezeit. Der Frankfurter Raum gehört zu einer „untermainisch-schwäbischen Gruppe" der Urnenfelderkultur mit plastischem Riefenornament, das sogar zu Stufenprofilen führt. Um Frankfurt hebt sich eine Werkstatt mit besonders feiner, sogenannter „Adelskeramik" heraus. Links des Rheines verbreitet sich eine anders geartete „rheinisch-schweizerische Gruppe" mit Ritz- und Strichverzierung, welche die untermainische Gruppe stark beeinflußt. Die Urnenfelder des oberen Maingebietes gehören dagegen mit ihren Etagengefäßen in böhmische Zusammenhänge. Allgemein unterscheidet sich die westmitteleuropäische

Urnenfelderkultur von dem verwandten Kreise im östlichen Mitteleuropa, der Lausitzer Kultur, durch dunklere Brennfarben der Keramik. Das Metallhandwerk zeigt gegenüber der mittleren Bronzezeit fortgeschrittene Formen und stärker ausgearbeitete Profile, die oft elegant, manchmal auch etwas starr wirken. Das einschneidige Messer wurzelt schon in der Endstufe der Mittelbronzezeit, ebendort auch das Griffzungenschwert. In großem Umfang tritt nun Treibarbeit in Bronzeblech hervor, nicht nur an Gefäßen, auch an Schmuckblechen von Gürteln oder Fibeln, an Helmen, Schilden und Panzerteilen. Eine Bronzetasse ist aus Nied in das Wiesbadener Museum gekommen. Indessen zeigt die Urnenfelderkultur auch archaische Züge, wie bestimmte ihr eigentümliche Formen von Steinäxten. Ein Fragment einer sogenannten nackengebogenen Axt wurde 1924 in einem Grabe bei Niederrad gefunden.

Dies führt uns auf eine besondere Erscheinung der spätbronzezeitlichen Grabkultur, die rechteckigen *Steinkisten.* In Eschborn im Maintaunuskreis fand man 1880 und 1910 zwei aus Feldsteinen gesetzte unterirdische Grüfte mit Plattenboden, von denen die zweite innen 2,70 m lang und 1 m in den

---

►

Inventar des spätbronzezeitlichen Steinkistengrabes von Eschborn (1910). Bronze und Ton. Nach F.-R. Herrmann. Museum Wiesbaden.

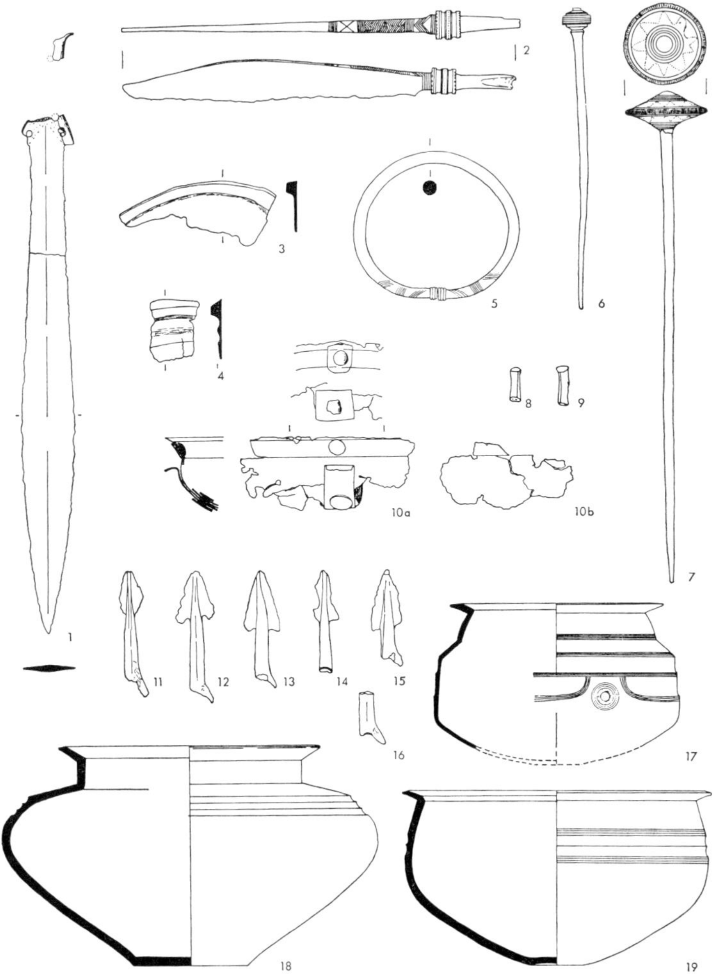
1
2
3
4
5
6
7
8
9
10a
10b
11
12
13
14
15
16
17
18
19

Boden eingetieft war. Bei dem ersten Grab war der Leichenbrand anscheinend auf dem Boden ausgestreut, während das zweite Grab keine Skelettreste aufwies, möglicherweise also eine unverbrannte Bestattung enthielt. Verbrannte Knochen sind bedeutend widerstandsfähiger als unverbrannte. Die Grabkammern enthielten die bekannte Urnenfelderkeramik und wiesen sich durch Beigabe von zum Teil im Feuer zerschmolzenen Schwertern, Messern, Pfeilspitzen, Bronzetassen und Nadeln als Kriegergräber aus. Zwei solche Steinkisten, nicht so reich ausgestattet und vielleicht beraubt, fanden sich 1909 im Urnenfeld des Frankfurter Osthafens. Sie waren nordsüdlich gerichtet und maßen außen 3,50 und 3,80 m Länge. Außerdem zeigte sich hier noch ein Steinkreis von 13 m Durchmesser mit zentraler Steinpackung, der nicht unbedingt zu einem Grabhügel zu gehören braucht. Steinkistengräber der oben genannten Art finden sich auch um Wiesbaden, Hanau und in der Dreieich, seltener in der Wetterau, im Limburger Becken und in Rheinhessen. Ein reiches 1878 entdecktes Grab von Bad Nauheim, mit Schwert und Lanze und sogar Goldschmuck, dessen Inventar sich im Frankfurter Museum befindet, ließ unter der Steinfüllung noch Bohlenspuren erkennen. Es handelt sich bei diesen Gräbern wohl um Holzkammern mit Steinschutz, der vereinzelt auch fehlen kann. Die Grabsitte dürfte nordöstlichen Ursprungs sein, denn

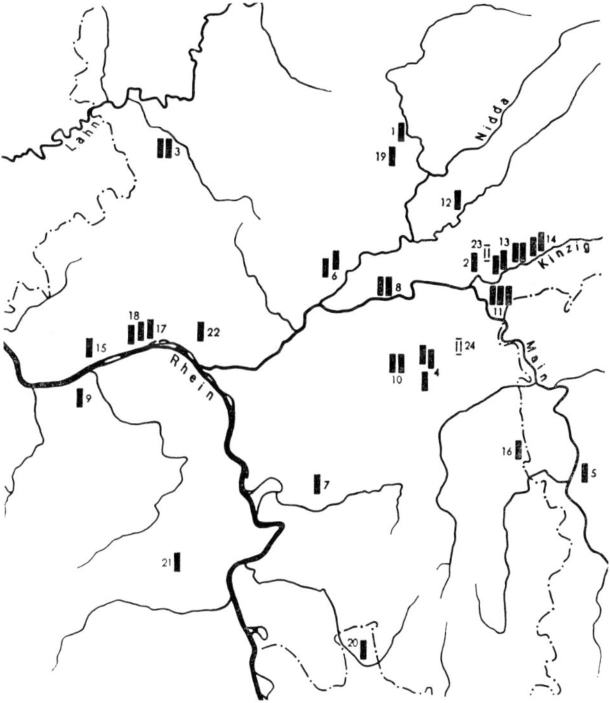

Verbreitung der spätbronzezeitlichen Steinkistengräber im Untermaingebiet. Nach F.-R. Herrmann.

man kennt Steinpackungsgräber in Thüringen und dem Obermaingebiet als übliche Formen. In unserm Raum scheinen sie von einer sozial gehobenen Schicht bevorzugt worden zu sein, daher man sie als „Adelsgräber“ aufgefaßt hat.

Die Steinkisten sind überwiegend nordsüdlich orientiert. Ihre Wände bestehen im Hanauer Land aus schweren Steinplatten, das einzige „megalithische“ Element, das den vorgeschichtlichen Grabbau unserer Gegend erreicht hat, sonst aus geschichteten Bruchsteinen, und manchmal fehlen sie überhaupt, indem der Grabraum einfach mit Steinen gefüllt ist. Der Boden wurde fast immer mit Steinplatten gepflastert. Leichenbrand und Scheiterhaufenasche sind auf dem Pflaster ausgestreut, gelegentlich auch in einer Urne gesammelt. In mehreren Fällen fanden sich unverbrannte Bestattungen, wobei der Kopf des ausgestreckten Leichnams, soweit beobachtet, im Süden lag. Manchmal zeigen sich Steinpackungen abweichender Art unter Hügeln. Die Ursprünge und das Fortleben dieser steingeschützten Grabkammern in der mittleren Bronzezeit wie in der Hallstattzeit beleuchtet das Hügelgrab im Eichlehen. Die mittelbronzezeitlichen Kammern sind allerdings westöstlich orientiert. Wir kennen aus der Endstufe der Mittelbronzezeit auch ein Schwertgrab ohne Steinschutz, mit Doppelbestattung von Mann und Frau, von Frankfurt-Berkersheim. Die nordsüdliche Orientie-

Bronzeschwerter, von links: Hügelgrab von Eschbach — Main bei Flörsheim — Fundort unbekannt — Main bei Mühlheim.
Zu Seiten 98 und 109.

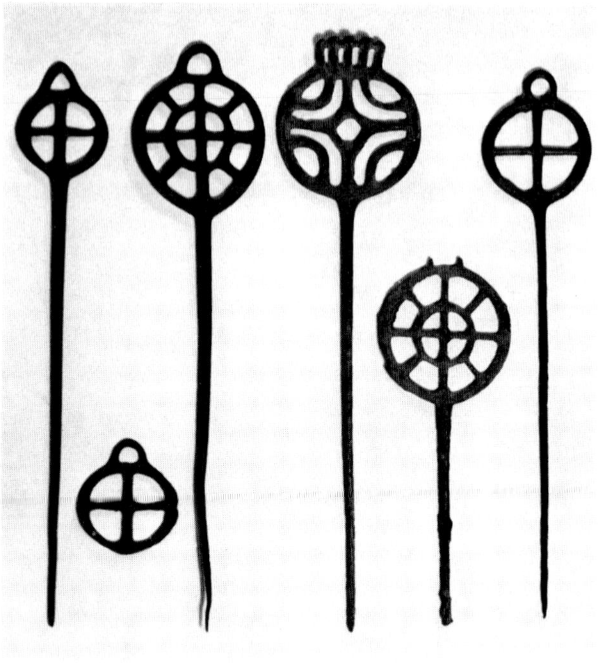

Radnadeln aus Frauengräbern der mittleren Bronzezeit im Frankfurter Raum. Radanhänger der späten Bronzezeit von Niederursel. Zu Seiten 77 und 101.

rung setzt sich dagegen in der Hallstattzeit fort. Im übrigen gibt es gewöhnliche Urnengräber der Spätbronzezeit, die in Bezug auf Reichtum der Beigaben mit den Steinkisten in Wettbewerb treten.

Die „Adelsgräber“ bilden ein besonderes Problem. Zunächst enthüllen sie im Hinblick auf die Steinkisten einen konservativen Zug. Der Adel ist aber ein progressives Element dieser Zeit. Wir müssen hier weiter zurückblenden. Die Altsteinzeit gilt allgemein als Paradies ohne soziale Probleme, was dahingestellt bleiben mag. Das Neolithikum führt in seinen orientalischen Ursprüngen zu einer Schichtung der Gesellschaft und einem sakralen Königtum. Anders verhält es sich mit dem Neolithikum in Mittel- und Nordeuropa. Hier ist in der Anlage der Gräberfelder ein demokratischer Zug zur Gleichheit bemerkbar, der wenig Anhaltspunkte für Adel oder Königtum liefert. Das ändert sich in der Bronzezeit. Man faßt diese Epoche als die Geburtsstunde des europäischen Adels auf und zieht Verbindungen zum mykenischen Kulturkreis im Südosten. In den Epen des Homer, welche die spätbronzezeitlichen Verhältnisse widerspiegeln, werden nur König und Edelmann mit Namen genannt, das übrige Volk erscheint im Plural. So ist es noch unverändert im deutschen Nibelungenlied. Man hat diese Entwickelung mit der Ausbildung früher Metallmonopole erklärt. Sie setzt zunächst im östlichen Mitteleuropa mit den

„Fürstengräbern“ der Frühbronzezeit ein. In der mittleren Bronzezeit kommt die Erfindung des langen Schwertes hinzu, dessen Führung nicht nur Reichtum, sondern auch besondere Übung erfordert. Die frühesten Gräber, die wir mit einer Adelsschicht verbinden können, fallen bei uns in die fortgeschrittene mittlere Bronzezeit. Der Aufstieg des Adels ist ferner nicht zu denken ohne das Pferd, das in der Bronzezeit vor den Streitwagen gespannt wird und erst seit dem Beginn der Eisenzeit dem Reiter dient. In einem Hügelgrab des Lorscher Waldes im Kreise Bergstraße fand sich 1838 bei einer Brandbestattung vielleicht ein bronzener Wagenaufsatz. Daß Frauen zusammen mit Männern bestattet wurden, wie in dem Berkersheimer Grab, ist in den spätbronzezeitlichen Gräbern unseres Gebietes bisher nicht nachgewiesen, aber in einzelnen Fällen auf Grund der Beigaben denkbar. Doch kennt die Spätbronzezeit bei uns keine reiche Ausstattung von Frauengräbern.

Doppelbestattungen von Männern und Frauen sind in unserer Vorgeschichte überhaupt Ausnahmen, so daß Witwentötung nicht verbreitet gewesen sein kann. Immerhin zeugen sie von Monogamie. Häufiger finden sich dagegen Kinder in Erwachsenengräbern beider Geschlechter.

▶

Bronzen aus dem Doppelgrab vom Ende der mittleren Bronzezeit aus Berkersheim.

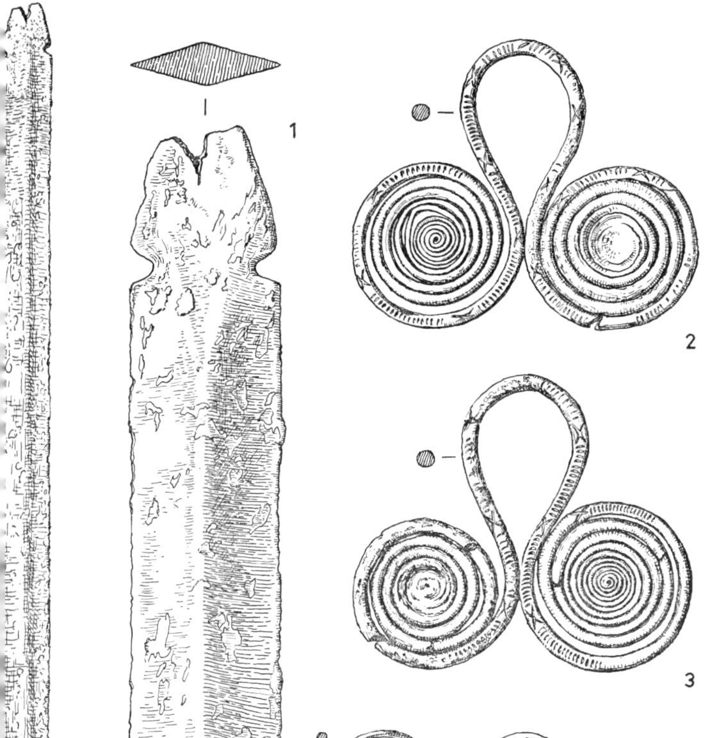
1
2
3
4
5
6
7

In der Endbronzezeit und an den Ursprüngen der Hallstattkultur tritt eine neue Form von „Adelsgräbern“ auf, das Brandflächengrab unter Hügel. Wie bei den Steinkisten ist hier die Asche auf dem Boden der Grabkammer ausgebreitet, die aber auf der Erdoberfläche errichtet und mit einem Hügel überdeckt wird. Ein schönes Beispiel gibt der 1960 an der Frankfurter Rennbahn untersuchte Hügel. Hier fand sich eine nordsüdlich gerichtete Brandfläche von über 4 m Länge auf dem alten Boden, im Norden mit Scherben von einem Dutzend Gefäßen sowie sieben Kalksteinen eingefaßt, im Süden, wohl das Kopfende gemeint, ein Köcher mit acht Bronzepfeilen, ein Knebel und weitere Bronzereste zu Ring und Nadel, sowie eine blaugrüne Glasperle. Das Grab wurde bei einer Nachbestattung der Hallstattzeit ebenso beraubt, wie die mittelbronzezeitliche Steinkammer im Hügel des Eichlehens, so daß die Schwerter fehlen. Ein schon 1831 ausgegrabener noch ungestörter Hügel mit Steinpackung und Brandfläche von Echzell, Kr. Büdingen, enthielt ein Vollgriffschwert. Gräber dieser Art sind auch aus Mittelhessen bekannt.

Die Verbreitung der Steinkistengräber und noch mehr der „Adelskeramik“, ebenso wie der im nächsten Kapitel zu behandelnden Depotfunde, deuten einen Schwerpunkt um Frankfurt zur jüngeren Bronzezeit an. Daß im übrigen unser Gebiet in einer Randzone des Urnenfelderkreises lag, zeigt das Fehlen der aus den Donauländern bekannten mythologischen Figuren von Vogelscheibe und Vogelbarke im rhein-mainischen Material. Zwei symbolisch gestaltete Bronzen stammen von Frankfurt: ein vierspeichiger Radanhänger vom Niederurseler Gräberfeld und eine große Wellenbügelfibel mit sechs anthropomorphen dreieckigen Anhängern aus dem Main.

Auffällige archäologische Erscheinungen wie die Urnenfelder der späten Bronzezeit, ebenso wie die an ihrem Ende wieder auflebende Hügelgrabsitte, gaben seit jeher Anlaß zu Spekulationen über Einwanderung fremder Völkerstämme. Man hat die Urnenfelderkultur für den Ausdruck einer illyrischen Bewegung gehalten, aber ohne die historischen Anhaltspunkte, die für die Verbindung etwa von Latènekultur und Keltentum sprechen. Die Beziehungen zwischen politischem Geschehen und kulturgeschichtlichem Niederschlag sind verwickelt. Man kann den Wechsel der archäologischen Szene, der die Veränderung von Zeit und Mode spiegelt, nicht nur auf ethnische Veränderungen zurückführen, obwohl solche möglich und in historischer Zeit auch nachweisbar sind. Wir sehen in der späten Bronzezeit die Steinkistengräber einer gehobenen Schicht mit Grabkammern der mittleren Bronzezeit zusammenhängen, wobei sogar die Körperbestattung weitergeht, während die Masse des Volkes der neuen Sitte der Urnenfelder folgt.

Niedergelegt in Erde und Wasser

Das beste Versteck war immer die Erde. Hagen versenkte den Nibelungenhort im Rhein. In diesem Kapitel ist aber weniger von Gold und Edelsteinen die Rede, als vielmehr von einer charakteristischen Fundgruppe aus vorgeschichtlicher Zeit, die man Schatz-, Hort- oder Depotfunde nennt. In frühgeschichtlicher Zeit sind ihnen die Münzschätze anzureihen. Bei den letzteren ist die Deutung meist klar: es handelt sich um versteckte Vermögenswerte in Zeiten der Unsicherheit. Man hat auch die vorgeschichtlichen Metallschätze in solcher Weise gedeutet und aus ihrer Verbreitung Schlüsse auf kriegerische Perioden gezogen. Bronzehorte sind geradezu ein Charakteristikum der Bronzezeit. Indessen drängten sich auch andere Deutungen auf, etwa als Gießer- oder Händlerdepots, und auf dieser Basis kam man zur Konstruktion von Handelsstraßen. Heute neigt man eher dazu, die Schatzfunde als Opfer an göttliche oder dämonische Mächte zu betrachten, zumal ihre Zusammensetzung bestimmten, landschaftlich wechselnden Regeln folgt. Die Sitte ist schon in der Steinzeit belegt und lebt bis in die Neuzeit fort. Als Schatzfund pflegt man mindestens zwei Gegenstände zu bezeichnen, die außerhalb der Gräber zusammen gefunden werden und gleichzeitig, oft auch gleichartig sind; es können aber auch hundert oder mehr sein. Wesentlich ist die absichtliche Niederlegung. Setzt man indessen den Opfergedanken voraus, so ist es klar, daß auch ein einzeln deponierter Gegenstand in diese Kategorie gehört, und ebenso eine Vielzahl von Gegenständen, die nicht gleichzeitig, sondern nacheinander an gleicher Stelle niedergelegt wurden. Gewißheit ist hier allenfalls durch statistische Betrachtungen zu gewinnen. Die Niederlegung kann im Erdboden, unter einem Stein oder in einer Felsspalte geschehen, in einem Gefäß, einem vergänglichen Behälter aus Stoff, Leder oder Holz, sowie ohne alles dieses, aber auch in Flüssen, Seen oder Mooren, wo die Verlorenheit, der Sinn des Opfers, besonders deutlich wird. Wenn solche Funde sich zu Lande bei Frankfurt oder zu Wasser bei Mainz häufen, so liegt das allerdings nicht allein an der vorgeschichtlichen Bedeutung dieser Orte, sondern an den hier konzentrierten Baumaßnahmen und der geschärften Beobachtung.

Den ältesten Depotfund des Rhein-Main-Gebietes dürften die jungpaläolithischen Klingen aus der großen Adlerquelle in Wiesbaden darstellen, bei denen der religiöse Charakter auf der Hand liegt. In der jüngeren Steinzeit zeichnet sich ein Horizont frühneolithischer Horte von meist drei Schuhleistenkeilen oder Hacken ab, wozu Funde von Dörnigheim, Steinheim und Ortenberg gehören, hier unter einem Felsblock geborgen. Ein Problem bilden die langen sogenannten „Pflugscharen“ aus grünem Schiefer, deren Zweck und Zeitstellung unklar bleibt; ein schönes Stück mit Sägespuren kommt vom Hof Hausen vor der Sonne im Maintaunuskreis. Zwei weitere Depothorizonte gehören ins Spätneolithikum. Den einen bilden die spitznackigen Beile aus edlem Grünstein, die gewöhnlich einzeln vorkommen, in dem Hort von Gonsenheim bei Mainz aber zu fünft in einem Lederbehälter gefunden wurden. Den anderen stellen die Messerdepots dar, bestehend aus 5-12 langen Klingen aus westlichem Feuerstein. Ein solcher Fund mit fünf Klingen von der Autobahn in Obereschbach (1935) ist im Frankfurter Museum ausgestellt; andere kennt man von Bad Orb, von Rockenberg, Kr. Friedberg (1900) und Dorsheim, Kr. Kreuznach (um 1890), auch hier zum Teil unter Steinen verborgen. Der Rockenberger Fund lag auf einer Einöde an der östlichen Taloberkante der Wetter wenige Meter von einem spätbronzezeitlichen Depot entfernt, beide unter großen Steinen, und ganz in der Nähe unter einem dritten Stein fand sich ein breiter Schuhleistenkeil. Hier scheint eine Tradition über lange Zeiten bestanden zu haben. Ein Fund von Offenthal enthielt eine Blattspitze aus Flint und zwei Flintknollen, der eine roh, der andere abgearbeitet; wir werden sehen, daß Beigabe von Rohmaterial in Horten der Bronzezeit eine Rolle spielt. Vielleicht gehören auch die Einzelfunde kupferner

Äxte und Beile, die nicht in Gräbern vorkommen, in diesen Zusammenhang. Auch aus den Flüssen wurden Steingeräte ausgebaggert, so aus dem Main drei frühneolithische Hammeräxte bei Oberrad und Höchst, bei Höchst noch ein Schuhleistenkeil, eine flache Keule und eine schnurkeramische Facettenaxt, oberhalb Frankfurts eine gut bearbeitete Feuersteinspitze. Entsprechende Funde von Steinäxten und auch Geweihäxten kennt man aus dem Rhein bei Mainz.

Aus der frühen Bronzezeit haben wir nur wenig einschlägige Funde, meist linksrheinisch, ein Depot rechtsrheinisch von Griesheim, Kr. Darmstadt mit Moorpatina. Während Bronzen aus der Erde grundsätzlich grünlich patiniert sind, zeigen alle Wasserfunde die ursprünglich gelbliche Farbe der Oberfläche. Aus dem Rhein bei Mainz kommen dazu eine Nadel und ein Armring aus Gold. Im engeren Frankfurter Gebiet kennen wir keine frühen Bronzehorte, und auch sonst nur wenig Funde dieser Zeit.

In der mittleren Bronzezeit scheint die Depotsitte im Rhein-Main-Gebiet, jedenfalls auf dem Lande, auszusetzen. Erst nördlich der Wasserscheide sind am Vogelsberg einige Horte bekannt. Doch haben wir zahlreiche Funde bronzener Waffen und Nadeln aus den Flüssen, besonders dem Rhein bei Mainz, auch aus dem Main bei Frankfurt. Ein schönes Kurzschwert wurde in Höchst an der Kaimauer der Farbwerke geborgen, ein Dolch gegenüber am Schwanheimer Ufer. Beile haben wir zwei bei der Gerbermühle, ein weiteres vom Schwanheimer Ufer, ferner bei Frankfurt eine Nadel, die in das Mainzer Altertumsmuseum gelangte; dort liegt auch ein Beil aus dem Main bei Kelsterbach. Bei der Staustufe von Eddersheim im Maintaunuskreis wurden mehrere Bronzen vom Ende der mittleren Bronzezeit, Schwert, Dolch, Beil und eine Bandspirale, ausgebaggert.

In der späten Bronzezeit kommt die Depotsitte zu Lande wieder in Gang. Aus der älteren Urnenfelderstufe gibt es in der Umgebung von Frankfurt zwei Horte mit jeweils zwei und vier Beilen von Heldenbergen und Bad Orb. Dem Beginn der jüngeren Stufe gehört ein Schatz von zehn Ringen und zwei Sicheln an, der 1905 in einer Felsspalte am Gaßnersberg bei Groß-Bieberau, Kr. Dieburg entdeckt wurde. Durch die ganze Bronzezeit hindurch sind im Moor bei Eschollbrücken, Kr. Darmstadt hauptsächlich bronzene Nadeln geopfert worden; es fanden sich dort zwei Dutzend Nadeln, ferner eine Lanze, ein Beil und zwei Messer. Man könnte denken, daß die Waffen von Männern, die Nadeln aber

---

▶ Bronzen aus dem endbronzezeitlichen Depotfund vom Frankfurter Grindbrunnen. Nach F.-R. Herrmann.

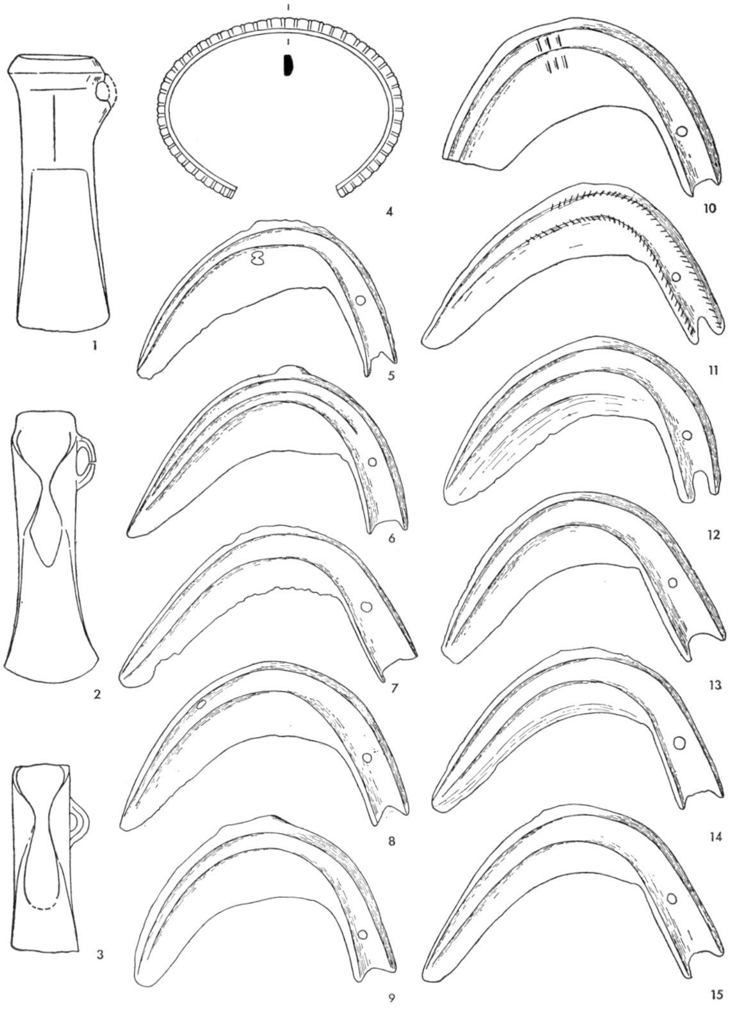
1
2
3
4
5
6
7
8
9
10
11
12
13
14
15

von Frauen niedergelegt wurden. Nadeln sind beim Torfstechen leichter zu entdecken als beim Ausbaggern der Flüsse.

Die Masse der Bronzedepots gehört ganz an das Ende der späten Bronzezeit. Die Funde enthalten vorwiegend Beile und Sicheln, aber auch Schwertfragmente, Lanzenspitzen, Ringe und andere Schmuckteile sowie Stücke von Gußkuchen. Als religiöse Depots erscheinen namentlich die reinen Beilfunde, so je drei Lappenbeile in den Funden von Fechenheim (1928) und Mühlheim-Dietesheim (1927) oder ein verschollener Fund am Sandhof im Frankfurter Stadtwald. Ein Frankfurter Fund vom Grindbrunnen (1865) bestand unter anderem aus einem Tüllenbeil, zwei Lappenbeilen, einem Armring, einer Zungensichel, 14 Lochsicheln und zwei Gußbrocken. Funde dieser Art in wechselnder Zusammensetzung kennen wir von Niederrad (1960), Heusenstamm (1923), Hochstadt (1838), Niederursel (1773) und Bad Homburg (1880), hier gleich zwei sehr reiche dicht beieinander mit insgesamt 27 Beilen, 31 Sicheln, 7 Lanzenspitzen, 6 Messern, 40 Ringen, verschiedenen sonstigen Schmuckteilen und fünf Gußkuchenstücken, also weit über hundert Einzelteilen. Ebenso enthielt ein Depot von Hanau (1934) in einem irdenen Topf 92 Bronzen der verschiedensten Art. Bei Gambach im Kreise Friedberg wurde 1802 ein Hort von über einem Zentner Bronzen ausgepflügt.

Selbstverständlich ist im Boden mit einer weit größeren Zahl von solchen Depots zu rechnen: das Niederurseler wurde am Steinbach bei einem Unwetter freigespült, das Niederräder gerade noch aus dem Kunsthandel gezogen. Ein Schiff mit Rheinkies von Speyer hat 1938 zufällig ein Bronzedepot am Höchster Mainufer abgeladen.

Dies führt uns auf die Wasserfunde, die ebenso zahlreich zutage treten. Die Mainzer Konfluenz, zu der damals auch der Neckar gehörte, bewahrt in der jüngeren Bronzezeit ihren Ruhm als Schatzspender. Fast ein Dutzend Schwerter verschiedener Form, dazu Lanzen- und Pfeilspitzen, Beile, Sicheln und Armringe, eine Bronzetasse, sogar Schutzwaffen konnten hier geborgen werden. So kommen zwei bronzene Schilde aus dem Rheinlauf bei Mainz und Bingen, ein Kappenhelm aus dem Rhein bei Mainz, ein Kammhelm aus dem Main bei Kostheim. Zwei Kammhelme wurden 1961 aus einem alten Rheinarm bei Biebesheim im Kreise Groß-Gerau ausgebaggert. Aus der näheren Frankfurter Umgebung sind zwei Vollgriffschwerter aus dem Main bei Flörsheim und Mühlheim zu nennen, beide im Frankfurter Museum ausgestellt. Bei Klein-Auheim wurden zwei verzierte Griffzungenschwerter gehoben, ein weiteres kam 1935 bei Eddersheim zutage. Die Mehrzahl der einzeln gefundenen Bronzeschwerter in Südhessen sind Flußfunde. Bei Höchst wurden ein Lappenbeil und ein Tüllenbeil geborgen, bei Offenbach ein Messer, bei Frankfurt und Hochheim je ein Trensenteil. Hervorragende Fundstücke sind eine Ringschelle mit Anhängern vom Höchster Mainufer, die in das Römisch-Germanische Zentralmuseum gelangte, und eine große Wellenbügelfibel mit Anhängern bei der Friedensbrücke in Frankfurt, die im hiesigen Museum ausgestellt ist. Von der zuletzt erwähnten Stelle kommen noch das Fragment einer Lanzenspitze, ein Armring, sowie das oben erwähnte Trensenteil. Mit zwei Lanzenspitzen aus dem Main unterhalb von Steinheim wollen wir die Übersicht des Untermaines beschließen. Einige Bronzen sind auch am Grunde alter Neckarschlingen im Gerauer Land gefunden worden.

Die außerordentliche Häufung der Depotfunde am Ende der Bronzezeit, die hier ihren Reichtum noch einmal, sozusagen als Schlußeffekt, ausschüttet, kann kaum mit profanen Gründen erklärt werden, zumal zur nachfolgenden Hallstattperiode kein Kulturbruch zu erkennen ist. Die verschiedene Zusammensetzung der Horte kann auch innerhalb von Opferbräuchen ihre Erklärung finden, denn es mag an verschiedene Gottheiten und von verschiedenen

---

▶

Bronzen der späten Bronzezeit aus dem Main. Wellenbügelfibel von der Friedensbrücke in Frankfurt. Ringschelle von Höchst, Röm-Germ. Zentralmuseum Mainz. Nach F.-R. Herrmann.

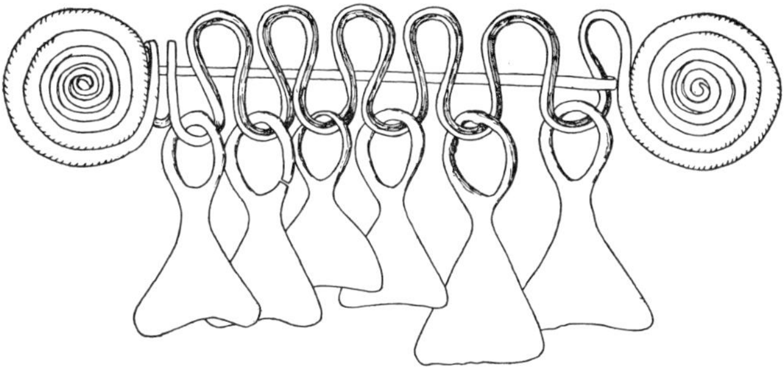

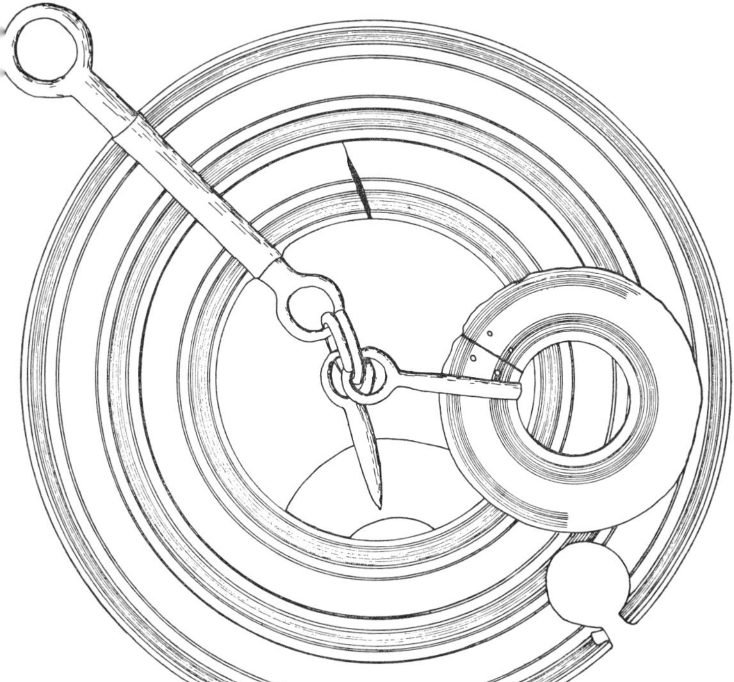

Personengruppen geopfert worden sein. Flußfunde hat man mit wichtigen Übergängen in Verbindung gebracht, aber es muß natürlich mit weiten Transportwegen durch strömendes Wasser und mit Stauung an Unebenheiten und Biegungen gerechnet werden.

In der Hallstattzeit geht die Sitte der Niederlegung scharf zurück, obwohl es an bronzenen Schmucksachen und sogar Waffen in den Gräbern nicht mangelt. Im Rhein-Main-Gebiet haben wir überhaupt keine Landdepots, nur aus dem Rhein bei Mainz und Bingen ein Bronzeeimerchen und einige Spiralfibeln. Mit der Frühlatènezeit lebt die Depotsitte zumindest rechts des Rheines wieder auf. La Tène selbst ist eine Sammelstätte von Waffen und Gerät im Neuenburger See. Ein Depot von Langenhain im Maintaunuskreis (1904) enthielt bronzene Zierscheiben vom Pferdegeschirr und Gußkuchen, insgesamt 29 Teile, und war mit Steinen umstellt. Ein vergleichbarer Fund, aber mit Ringen, wurde im gleichen Jahr bei Steindorf im Kreise Wetzlar gehoben. Auch der Rhein bei Mainz hat eine nicht unbedeutende Kollektion aus der gesamten Latènezeit geliefert, darunter einen Bronzehelm, bronzene Schmuckteile vom Pferdegeschirr, ein eisernes Kurzschwert mit Goldeinlage und Bronzegriff, einen Ring sowie ein Dutzend Spiralfibeln aus Bronze und Silber. Aus dem Frankfurter Gebiet sind derartige Funde nicht bekannt. In der jüngeren Latènezeit bilden Eisendepots eine charakteristische Gattung vor allem auf den Ringwällen. Von der Goldgrube im Hohemarkwald bei Oberstedten, Obertaunuskreis, sind drei ineinander gesteckte Pflugscharen bekannt. Gerät- und Waffenfunde verschiedener Art kennt man auch von Bad Nauheim. In diesem Zusammenhang ist vielleicht noch der eiserne Feuerbock mit Tierköpfen von Niederursel zu erwähnen, der im Frankfurter Museum ein Opfer des Krieges wurde. Von Allmendfeld, Kr. Groß-Gerau wurde 1939 ein Depot von 26 eisernen Doppelspitzbarren bekannt. Der Typ ist seit der Hallstattzeit geläufig, in die vielleicht ein Depot von Armsheim, Kr. Alzey mit 17 Barren gehört, und dürfte in römischer Zeit weitergehen. Einzelfunde haben wir im Rhein-Main-Gebiet noch mehr, während das Frankfurter Museum zwei solche Barren aufbewahrt, die aus dem Bett des Aareflusses in der Schweiz stammen.

Nun kommt auch die Zeit der Münzfunde. Keltische Münzen verschiedener Metalle streuen über das ganze Land. Manche könnten rechts des Rheins geprägt sein. So fand man 1862 in Bad Nauheim einen Schatz von 47 Silbermünzen gleicher Prägung, eine Nachahmung des römischen Denars, in einem kleinen irdenen Töpfchen mit typischer Verzierung des Spätlatènestils; eine gleichartige Münze wurde 1955 im Ringwall der Goldgrube aufgelesen. Die Goldgrube ist ein keltisches Oppidum, und man weiß, daß in den Oppidis Münzen geprägt wurden. Keltische Münzfunde sind auch aus dem Rhein bekannt.

Die Sitte der Niederlegung setzt sich in der römischen Kaiserzeit fort; wir greifen hier dem allgemeinen Gang unserer Betrachtung voraus. Je tiefer man in die eigentliche Historie kommt, desto mehr treten die profanen Deutungen in den Vordergrund. Im Rhein-Main-Gebiet sind mehrfach römische Bronzekessel unter besonderen Umständen angetroffen worden, so im Rhein bei Mainz, im Altrhein bei Erfelden, angeblich auch im Enkheimer Ried, einem alten Mainarm östlich von Frankfurt. Auch die Nidda steuert nun etwas bei: im Jahre 1928 fand sich im Flußbett bei Heddernheim ein bronzener Legionärshelm, der bei einem der frührömischen Streifzüge dorthin geraten sein mag. Dagegen könnte eine eiserne Pflugschar von der Autobahnbrücke bei Rödelheim auch in die Latènezeit gehören. Römische Waffen häufen sich an den Rheinübergängen bei Mainz und Weisenau. Einzelfunde von Bronze- und Eisensachen aus dem Main bei Frankfurt kann man angesichts der Dichte der römischen Besiedlung auch als zufällig auffassen. Eine besondere Rolle spielen wieder die Sammelfunde von Eisengerät; außerhalb der Kastelle kennen wir solche zum Beispiel von der Hohemark und vom Gipfel des Herzberges im Taunus.

Die Münzdepots können wir hier nur streifen. Ein Fund von Silbermünzen des Kaisers Caligula von Erfelden, Kr. Groß-Gerau weist auf einen frührömischen Vorstoß hin. Im Kastell Stockstadt an der heute bayerischen Mainstrecke wurde 1962 ein irdener Krug mit 6 Goldmünzen und über 1300 Silbermünzen gehoben, der beim Chatteneinfall von 168-70 n. Chr. vergraben sein dürfte. Ein vergleichbarer Fund ist von Seligenstadt bekannt. Einzelfunde römischer Münzen streuen weithin, das Phänomen ist in diesem Umfang einzigartig. Ein ganzer Horizont von Depots spiegelt die Alamanneneinfälle im zweiten Drittel des 3. Jahrhunderts wider. Hier sind Münzschätze von der Saalburg, vom Kastell Zugmantel, von Wiesbaden, Kostheim und Mainz zu nennen, dazu die Bronzegeschirrdepots von Butzbach und Gettenau, Kr. Büdingen.

Wir führen diesen Überblick in die Völkerwanderungszeit und das Frühmittelalter weiter. In einer alten Neckarschlinge bei Bensheim an der Bergstraße fand man 1934 drei Bronzegefäße des 4. Jahrhunderts auf ein Holzbrett im Moor gestellt. Aus dem Rhein bei Gernsheim wurde 1938 ein merowingischer Bronzekessel ausgebaggert, dazu ein Kurzschwert und eine karolingische Knebellanze. Eine solche Lanzenspitze stammt aus dem Main bei Frankfurt. In Kastel kam 1962 die „Kriegskasse“ einer römischen Einheit vom Anfang des 5. Jahrhunderts zutage, ein irdener Krug mit 16 Goldmünzen und an 700 Silbermünzen, dazu militärischer Gold- und Silberschmuck. Am Biebricher Rheinufer hob man einen Ledersack mit an die fünftausend Denaren aus der Zeit Karls des Großen. Hier kommen wir zum Schluß auf den kleinen Münzhort Kaiser Ludwigs des Frommen, vier Denare der Münzstätten Dorestad, Sens und Venedig, der 1956 im südlichen Querhaus des Frankfurter Domes bei der Gründung der Orgelempore gehoben worden ist.

Das Praunheimer Ebelfeld

Etwa 1 km südwestlich des Ortskernes von Praunheim tritt die Lößterrasse mit einer sanften Aufwölbung von Westen her dicht an eine alte Flußschlinge der Nidda, von der sie an einem Prallhang abgeschnitten wird. Die Windungen des Flusses sind heute mit einem künstlichen Bett begradigt und führen als einzelne Altwasserarme ein zurückgezogenes Dasein innerhalb der Uferanlagen. Die erwähnte Aufwölbung heißt der *Ebel*. Er erhebt sich etwa 15 m steil über das rechte Nidda-Ufer und fällt nach den übrigen Seiten sanft zu den Senken des Rödelheimer Kalkentales, einer östlichen Abzweigung des Westerbaches, ab. Diese Abdachung heißt das Ebelfeld. Die Ludwig-Landmann-Straße von Praunheim nach Hausen führt westlich dicht am Ebel vorbei und

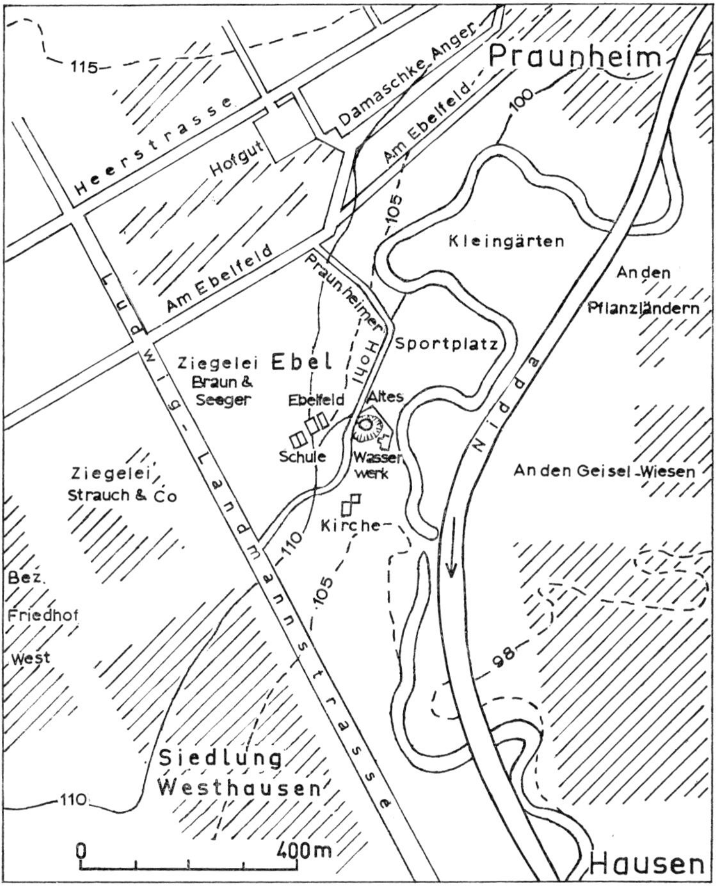

Heutige Topographie des Praunheimer Ebelfeldes.

fällt von hier nach Süden steiler, nach Norden flacher ab. An ihrer Westseite zieht sich die Siedlung Westhausen den Hang nach Süden hinunter, während ihr Nordende an der Heerstraße von der Siedlung Praunheim flankiert wird. In der Mitte am Ebel dehnen sich beiderseits der Straße große Ziegelgruben aus. Der Ebel selbst wird an der vom Niddatal heraufführenden Praunheimer Hohl heute durch zwei Gebäudekomplexe charakterisiert, nördlich die Ebelfeldschule und südlich die Neuapostolische Kirche. Unten im Tal liegt südlich an der Hohl das alte Bockenheimer Pumpwerk als Hinweis auf den unterirdischen Wasserreichtum der Terrasse.

Der Ebel gehört zu den reichsten vor- und frühgeschichtlichen Fundstellen im Frankfurter Gebiet und ist daher weit berühmt. Fast alle Kulturen vom Beginn der jüngeren Steinzeit bis zum Ende der Merowingerzeit haben hier auf engem Raum ihre Spuren hinterlassen. Diesen Ruhm verdankt der Ebel freilich dem negativen Umstand, daß er durch künstliche Abtragung gänzlich umgestaltet und streckenweise in eine Stadtrandsteppe verwandelt wurde. Leider existieren über die Lage der meisten Funde keine genügenden Aufzeichnungen mehr, sodaß wir den Ebel als Gesamtkomplex beschreiben.

Noch zu Ende des vorigen Jahrhunderts lag der „Hügel Aebel", unter welchem Namen ihn A. Hammeran als römische Fundstätte seit 1882 erwähnt, als angenehmer Aussichtspunkt über Taunusvorland und Niddatal, mit seinen archäologischen Schätzen unberührt da. Bohrungen für die Bockenheimer Wasserleitung und die Errichtung der Pumpstation brachten in den Jahren 1889-90 neolithische Gruben und römische Mauerreste zutage, welch letztere G. Wolff alsbald auf eine römische Villa bezog. Seit 1905 lieferte die östliche Ziegelei von Braun & Seeger mehrmals vor- und frühgeschichtliche Funde. Hier gab ein reiches alamannisches Grab in den Jahren 1926-27 dem Historischen Museum unter Leitung von K. Woelcke erstmals Gelegenheit zu größeren Geländeabdeckungen, fortgesetzt 1929-30 anläßlich des Baues der Ebelfeldschule, die damals Hindenburgschule hieß. Im Jahre 1929 konnte das Museum eine umfangreiche Ausschachtung des städtischen Bauamtes kontrollieren, die sich, freilich vergeblich, die Abtragung des Ebels zum Ziel gesetzt hatte. Diese Erdbewegungen, die anscheinend der Arbeitsbeschaffung dienten und mit dem Spaten vor sich gingen, wurden 1932-34 mit Hilfe des freiwilligen Arbeitsdienstes weitergeführt. Die Gelegenheit zu archäologischen Beobachtungen war unter diesen Umständen unvergleichlich günstiger als bei dem heutigen Baggereinsatz. Im Jahre 1936 erlaubte der Bau der Neuapostolischen Kirche weitere Forschungen. Vereinzelte Funde traten seit 1929 auch in der westlichen Ziegelei sowie beim Bau der Siedlungen Praunheim und

Westhausen zutage. Das Museum für Vor- und Frühgeschichte hat nach dem zweiten Kriege die Bergung in beiden Ziegeleien, vor allem der östlichen, fortgesetzt. Von der Mitte der zwanziger bis Mitte der dreißiger Jahre bestand so auf dem Ebel die einzigartige Möglichkeit, eine archäologische Fundstätte durch viele Perioden flächenhaft zu erfassen.

Wohl nur eine Fundlücke ist es, daß auf dem Ebel bisher kein Paläolithikum bekannt wurde, denn für eine Jägerrast erscheint dieser Ort wie geschaffen. Immerhin haben wir Mammutreste aus der Kiesterrasse unter der westlichen Ziegelei. Schon früh kannte man dann auf dem Ebel die Spuren eines bandkeramischen Dorfes, das seit 1929 in größerem Umfang erforscht wurde und schöne Funde vor allem der jüngeren Linienbandkeramik geliefert hat. Zu erwähnen ist ein Hockergrab mit einem verzierten Kumpf, sowie vom Platz der Kirche der Fuß eines tönernen Idoles. Leider wurden nur Gruben, nicht einmal Pfosten und erst recht keine Hausgrundrisse beobachtet, was sich mit der Abspülung des Geländes erklärt. Eine Besonderheit bilden schmale Erdschlitze, die vielleicht gewerblichen Zwecken dienten. Das Ebeldorf mag eine beherrschende Position unter zehn weiteren bandkeramischen Siedlungen gehabt haben, die im Umkreis von 3 km bekannt sind.

Funde des Großgartacher Stiles, wie wir sie aus dem benachbarten Rödelheim haben, blieben auf dem

Der Ebel an der Nidda bei Praunheim. Aquarellierte Zeichnung von C. Morgenstern 1831.
Zu Seite 116. Historisches Museum, Aufnahme F. Kochmann.

Bronzeringe der Frühlatènezeit aus Frauengräbern vom Praunheimer Ebelfeld. Zu Seite 123.

Ebel aus. Wohl aber sind einige Gruben der Rössener Kultur aufgedeckt worden. Das im Museum ausgestellte Fragment eines weiß inkrustierten Prunkgefäßes stammt aus Westhausen. Einmal wurde auf dem Gelände der Schule eine Überschneidung von Rössen über Bandkeramik beobachtet. Der Ebel hat auch mehrere Gruben der Michelsberger Kultur erbracht, die Scherben, Flint- und Beingeräte enthielten. Die abnehmende Fundfrequenz gegenüber der Bandkeramik spiegelt getreu das allgemeine Verhältnis in der Landschaft.

Auch die Becherkulturen fehlen nicht. Im Jahre 1932 zeigte sich auf dem Gelände der Kirche ein Glockenbechergrab, ein rechter Hocker SO-NW mit Blick nach NO, den unverzierten Becher im Rücken. In derselben Gegend erschien 1933 eine schnurkeramische Grube mit Scherben eines rillenverzierten westdeutschen Bechers, vielleicht eine der seltenen Siedlungsgruben dieser Kultur. Östlich vom Ebel fand sich 1927 in der Talaue bei der Regulierung der Nidda ein kleines spitznackiges Beil aus edlem Grünstein dicht unter der Grasnarbe.

Die frühe Bronzezeit fällt auf dem Ebel aus. Vom Ende der mittleren Bronzezeit stammt aus Westhausen eine Siedlungsgrube mit reichlicher Keramik, die in ihrer Form schon Kontakt mit der Urnenfelderstufe verrät. Unter den ergänzten Gefäßen ist eine bootförmige Wanne, gerade für einen schönen Flußfisch passend, bemerkenswert. Eine weitere Grube mit Tongeschirr dieser Zeit, einem Bronzedrahtring und dem Bruchstück einer Gußform aus Sandstein wurde 1933 nahe der schnurkeramischen Grube gehoben. Am Platz der Kirche fand sich 1932 auch ein zerworfenes Skelettgrab mit Schale und strichverzierter Kanne. Aus der Füllung eines diese Grabgrube überschneidenden spätrömischen Grabens wurde eine Kerbschnittkanne geborgen. Aus den Funden ergibt sich die Anwesenheit einer Siedlung der ausgehenden mittleren Bronzezeit, die mit dem Beginn der Urnenfelderstufe verlassen worden ist. Merkwürdigerweise gibt es auf dem Ebel, wie überhaupt in der Praunheimer Gemarkung, bisher keine Funde der späten Bronzezeit, obwohl diese in den benachbarten Gemarkungen gut vertreten ist.

Erst in der späten Hallstattzeit setzen die Funde des Ebels wieder ein, wie Beobachtungen in den Ziegeleien schon seit dem Jahre 1900 zeigten. Darunter gibt es auch die sogenannten Trichtergruben, die als Getreidesilos gelten. Es konnten mehrere Vorratsgefäße zusammengesetzt werden. Im Kanal der Straße kam weiter nördlich 1929 ein bronzener Zinnenring mit Deckring zum Vorschein, der wohl Beinschmuck aus einem zerstörten Frauengrabe darstellt.

Glänzend führt sich die frühe Latènezeit mit zwei reichen Frauengräbern ein, die 1908 und 1911 in der Ziegelei von Braun & Seeger gehoben wurden und leider die einzigen Funde einer vermutlich größeren Begräbnisstätte geblieben sind. Das Skelett des ersten Grabes war ungefähr von SW nach NO gestreckt, ausgerüstet mit zwei Knotenringen wohl an den Beinen, zwei Petschaftringen an den Armen, Gürtelhaken mit Gegenbeschlag, einem reich verzierten zweiteiligen Halsring, alles aus Bronze, sowie einer verzierten Tonflasche zu Häupten. Vom zweiten Grabe stammt ein ähnlicher Halsring, ein Knotenring, ein Fingerring und eine Bronzefibel. Aus der späten Latènestufe sind beim Bau der Schule mehrere Trichtergruben gefunden worden. Ferner zeigte sich an der Nordkante der westlichen Ziegelei im Jahre 1929 ein kleines Feld von Brandgräbern, von denen sieben geborgen sind, mit Tongefäßen, Tonrassel, eisenbeschlagenem Holzeimer, eisernen Fibeln, Pinzetten, Scheren, Messern, Beilen, Schwert und Schild, bronzenen und eisernen Ringen, Glasarmband. Bei einem Grabe war der Leichenbrand in einer zusammengebogenen Lanzenspitze geborgen. Die Gräber sind typisch für die überwiegend keltische Spätlatènekultur des letzten vorchristlichen Jahrhunderts in der Wetterau.

In frührömischer Zeit schweigen die Funde des Ebels von neuem; hier an der Vormarschstraße war es zu unsicher. Erst am Ende des 1. Jahrhunderts zeigen sich die ersten Siedlungsspuren, denen im 2. Jahrhundet eine solide Bebauung folgt. Die seit 1890 bekannten Fundamente einer Villa beziehen sich wohl auf den Ebelhang über dem Fuß der Hohl. Die Lage am Steilhang ist für römische Villen nicht typisch, vielleicht bestand eine funktionale Verbindung mit dem Wasserweg, oder der Hang war damals noch nicht so steil angeschnitten wie heute. Archäologische Untersuchungen an dieser Stelle fehlen. Wolff nahm an, daß die ältere römische Straße von Heddernheim nach Höchst über den Ebel dicht westlich an der Villa vorbeiführte und gibt auch einige Brandgräber an. Woelcke hat bei seinen Untersuchungen keine Spur dieser Straße gefunden und bezweifelte daher ihre Existenz. Indessen waren römische Straßen nicht immer so stark befestigt, daß sie den Zeiten unverwischbar trotzten. Eine Verkehrsverbindung in der von Wolff angenommenen Richtung auf dem rechten Hochufer der Nidda ist wahrscheinlich. Woelcke fand 1932 südwestlich des Platzes der Neuapostolischen Kirche eine Gruppe von römischen Gebäuden des 2. Jahrhunderts, die, wie ein Schmelzofen auf dem Hofpflaster unterstreicht, wirtschaftlichen Zwecken innerhalb der Villa dienten.

Von größtem Interesse ist nun, daß die Besiedlung des Ebels mit dem Ende der Römerherrschaft nicht aufhörte, sondern im 4. Jahrhundert sich neues Leben in den römischen Gebäuden einnistete. Es kam zu An- und Einbauten in schlechterem Mauerwerk. Eine ähnliche Kontinuität ist im Frankfurter Raum

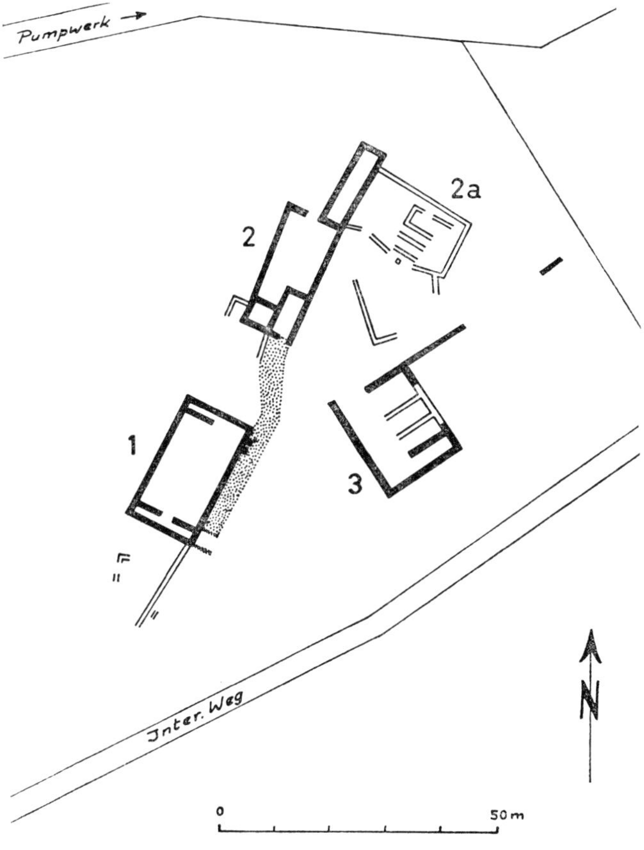

Römische Gebäude (schwarz) mit alamannischen Anbauten in Trockenmauerwerk (weiß) vom Praunheimer Ebel. Nach K. Woelcke und J. Werner.

nur noch auf dem Domhügel gefunden worden. Der römische Historiker Ammian berichtet, daß die Alamannen der Mainlande ihre Häuser in römischer Weise bauten, wie ja überhaupt die alamannische Kultur des 4. Jahrhunderts subrömische Züge aufweist. Dies zeigt das berühmte Kriegergrab, das 1925 auf dem Ebel entdeckt wurde. Es war von Norden nach Süden gerichtet und enthielt Langschwert, Lanze, Schild, Pfeil, Messer, Zwiebelkopffibel aus Bronze und Eisen, Silberring, bronzene Gürtelbeschläge mit Kerbschnitt, Kamm, vier Gläser, dabei ein früher Spitzbecher, vier Gefäße aus Terra Sigillata der Argonnen, zwei Schalen aus Terra Nigra, zwei Tonkrüge, davon einer nach Wormser Art weiß auf rot bemalt, sowie sonstige Irdenware. Auf dem Ebel fand sich ferner bei den römischen Gebäuden ein Sohlgraben auf fast 40 m Länge mit Einschlüssen bis zum 4. Jahrhundert, der auf eine Befestigung des Platzes deutet. Nach Norden im Zuge der vermuteten Römerstraße sind weitere alamannische Gräber bis zur Praunheimer Siedlung hin gefunden worden. Die Gräber laufen hier auch durch die fränkischmerowingische Periode des 5., 6. und 7. Jahrhunderts. Einige Grabfunde sind vom Abbau der östlichen Ziegelei seit 1905 bekannt. Der Bau der Siedlung Praunheim verschüttete einen Teil des Gräberfeldes. Ein Kriegergrab des 7. Jahrhunderts vom Platz der Ebelfeldschule erbrachte 1929 die im Museum ausgestellten silbertauschierten Gürtelplatten. Nach dem zweiten Kriege wurde noch ein Dutzend Gräber an der Ziegeleikante geborgen, dabei kamen auch zwei silbervergoldete Bügelfibeln aus einem Frauengrab zutage. Eine bestimmte Anordnung der Gräber nach Zeit und Raum läßt sich nicht erkennen, ihre ursprüngliche Zahl ist ebenfalls nicht abzuschätzen. Der Name „Totenweg" des unter der Ludwig-Landmann-Straße verschütteten alten Feldweges dürfte sich auf die Sepulturverhältnisse des Mittelalters beziehen, als Praunheim der kirchliche Mittelpunkt war. Der gleichlaufende, in den Flurnamen erscheinende „Höchster Pfad" hält das Gedächtnis an einen uralten Verkehrsweg über den Ebel lebendig. Die Besiedlung endet jedenfalls mit dem 4. Jahrhundert, die Nutzung als Begräbnisstätte mit dem 7. Jahrhundert, dann erlischt auf dem Ebel die Spur der Archäologie. Eine Rolle spielt er noch später im Volksbrauch als Platz des Ostereierschiebens für die Praunheimer Kinder.

Ringwälle auf der Höhe

Der Taunus gehört nicht zu Frankfurt, sofern man davon absieht, daß ein Frankfurter Forsthaus an der Hohemark steht. Dieser Name erinnert an die mittelalterliche Markgenossenschaft, deren Waldungen 1813 auf die zugehörigen Gemeinden aufgeteilt wurden. So kam Frankfurt zum Hohemarkwald, der politisch zur Gemeinde Oberstedten im Obertaunuskreis, archäologisch aber zur Frankfurter Denkmalpflege gehört. Im Hohemarkwald liegt auf der Goldgrube eine der größten Ringwallanlagen Südwestdeutschlands.

Frankfurt ist ohne den Taunus, der das Stadtbild beherrscht, nicht zu denken. Das Gebirge hieß bis zum Ende des 18. Jahrhunderts „Die Höhe", wie noch im Namen Bad Homburgs v. d. Höhe angedeutet. Elias Neuhof hat 1780 in seinem Büchlein über die Altertümer der dortigen Gegend schon das vorgeschichtliche Ringwallsystem des Hochtaunus aufgezählt: den Altkönig, den Dalbesberg mit den Alten Höfen sowie die Goldgrube, die das Tal der Heidetränke einfassen, den Bleibeskopf und die Gickelsburg. Und da er auch den römischen Pfahlgraben und das Saalburgkastell auf dem Gebirge kannte, bezog er den Namen des Berges Taunus, der nach antiker Überlieferung einen frühen römischen Stützpunkt trug, auf die Höhe über Bad Homburg. So ist der „Taunus" eine gelehrte Konstruktion.

Heute erhebt sich das Gebirge mit seinem Mantel dunkler Wälder als ein Symbol der ursprünglichen Natur über die dicht bebaute Ebene. Ein Saum von weißen Städten ist ihm angewebt, akzentuiert von

Der Hochtaunus über Kirdorf, von Osten. Mitte der Altkönig, davor Dalbesberg und Goldgrube. Rechts der Feldberg. Zu Seite 132.

Nordöstlicher Außenwall der Goldgrube. Spätlatènezeit. Zu Seite 136.

den Türmen der mittelalterlichen Burgen und den neuen Hochhäusern. Aber in vorgeschichtlicher Zeit waren die Berge von mächtigen Festungen bekrönt, größer als je ein Taunusritter sie erträumte, mit Mauern umwehrt, die weithin über kahle Berghänge leuchteten. Die schönen Hochwälder sind dagegen ein Verdienst der neuzeitlichen Forstwirtschaft, die einen völlig verwüsteten Markwald übernahm.

Befestigte Höhensiedlungen waren schon in der jüngeren Steinzeit in Gebrauch. Sie setzten sich durch die vorgeschichtliche Metallzeit fort, kamen in römischer Zeit aus der Mode, um im frühen Mittelalter in bescheidenem Umfange wieder aufzuleben. Später trat an ihre Stelle die individuelle Ritterburg. Die deutsche Mittelgebirgsschwelle ist mit Ringwällen geradezu übersät. Ihre Umwehrungen bestanden aber so wenig aus Wällen, als die Hügelgräber bloße Hügel waren; bei beiden drückt sich heute nur der Zustand des Verfalles aus. Die Wälle waren einst Mauern, aus Steinen, Hölzern und Erde errichtet, mit mehr oder minder kunstvollen Tordurchlässen, und mit Gräben verstärkt, sofern keine natürlichen Steilkanten ausgenutzt wurden. Im Innern befanden sich Unterkünfte und Speicher, und ihre Funktion dürfte auch Heiligtümer und Herrschaftssitze umfaßt haben. Es ist anzunehmen, daß innerhalb der Wälle und ein gutes Stück außerhalb die Wälder gerodet waren. Da die Ringwälle auf den Bergen liegen, bildete die Wasserversorgung ein besonderes Problem, und da die Berge selten isoliert aufsteigen, war gewöhnlich eine Seite stärker befestigt. Im übrigen sind hier, da die Ringwallforschung noch in ihren Anfängen steckt, eine Menge von historischen Problemen offen. Die älteren Anlagen, bis zur Hallstattzeit, pflegen sich der natürlichen Modellierung des Geländes anzuschmiegen; erst in der Latènezeit kommt es vor, daß Wehrmauern die Höhenlinien schräg oder gar senkrecht schneiden und geradezu die Hänge hinabstürzen. In beiden Fällen lassen sich Parallelen aus der Welt der Mittelmeerkulturen anführen.

Die Forschungen an den Taunuswällen liegen lange zurück und sind vor allem mit den Namen von A. v. Cohausen, Konservator des Wiesbadener Museums, und Ch. L. Thomas, eines Frankfurter Architekten, verbunden, der die letzten Jahre seines Lebens ihnen ganz gewidmet hat. Systematische Grabungen hat es seitdem nicht gegeben, da die Landesarchäologie in der Ebene genügend beschäftigt war. Neuerdings werden die Taunuswälle von der Zweigstelle des Deutschen Archäologischen Instituts in Frankfurt vermessen. Die Zerstörung der Anlagen, die in der „Gründerzeit" zuende des vorigen Jahrhunderts auf ihren Höhepunkt gelangte, schreitet inzwischen weiter fort. Was hier zu sagen ist, gilt daher nur mit Vorbehalt.

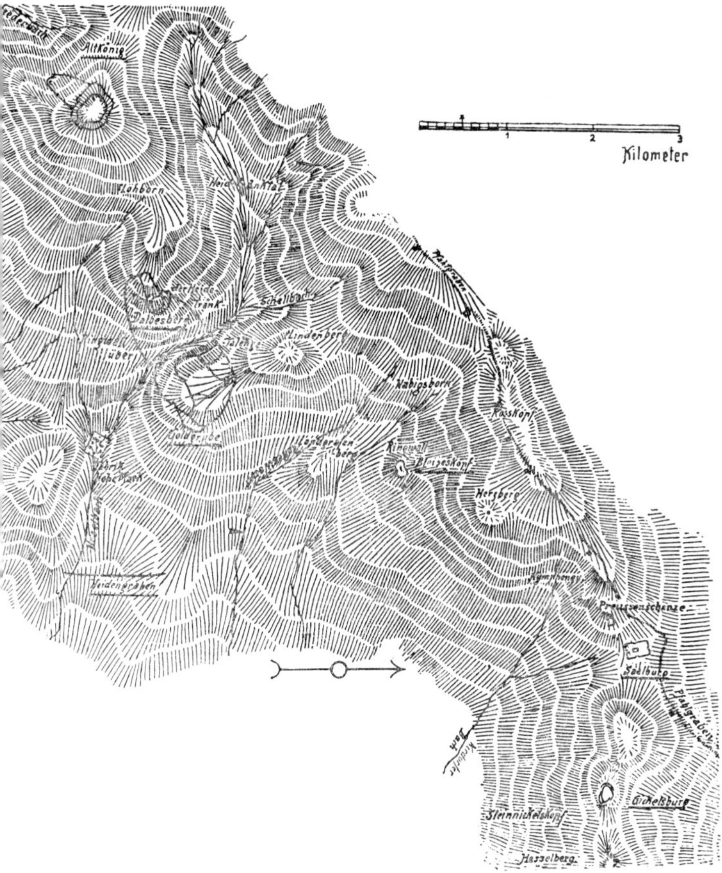

Karte der Ringwälle im Hochtaunus. Nach Ch. L. Thomas.

Im Gegensatz zu dem römischen Festungssystem, das seine Front nach Norden richtet und auf weite Strecken dem Taunuskamm folgt, ordnen sich die Ringwälle auf den vorderen Höhen vor der Hauptkette des Gebirges an und wenden ihr Gesicht der Ebene zu. Aus ihren Funden folgt, daß sie von den Bewohnern der Ebene errichtet wurden und nicht von nördlichen Bergvölkern. Die vorgeschichtlichen Ringwälle des Taunus sind also Fluchtburgen der Kelten und ihrer Vorfahren.

Ohne archäologischen Bezug bleibt der große Feldberg, mit 880 m die höchste Erhebung des Taunus. Hier haftet nur die Sage an der Felsgruppe des Brunhildisbettes, schon seit dem hohen Mittelalter. Die bizarren Quarzfelsen geben auch den Ringwällen des Taunus ein besonderes Gepräge. Der Feldberg tritt in der Ansicht von Süden, trotz den kolossalen modernen Aufbauten, gegen den niederen, aber zur Ebene vorgeschobenen Altkönig zurück, dessen mächtige Kuppe auf den meisten Seiten beherrschend hervortritt. Beide Berge sind wahre Wolkensammler, eine Art südhessischer Olymp, noch der heutigen Luftfahrt gefährlich, und dürften in der vorgeschichtlichen Mythologie eine hervorragende Rolle gespielt haben. Der *Altkönig*, früher auch Altkün oder Altking geheißen, erhebt sich bis 798 m und wird oben von einem mächtigen doppelten Ringwall aus Quarzitsteinen auf 15 ha Fläche umschlossen. Ursprünglich waren es 4-5 m starke Trockenmauern mit hölzernen senkrechten Frontpfosten und horizontalen Querbindern ohne Nagelung. Der Typ wurde 1883 durch die Untersuchungen von Cohausen zum ersten Male bekannt und bildet einen Vorläufer der von Caesar beschriebenen gallischen Mauern. Fast alle vorgeschichtlichen Ringwälle beruhen auf diesem merkwürdigen Prinzip des Holzskelettbaues. Im schwächeren äußeren Wall liegen zwei Tore mit übergreifenden Mauerenden, im stärkeren inneren Ring zwei einfache Tore. Der heutige Zugangsweg von Osten geht durch die Tore beider Wälle auf die etwa 7 ha große Innenfläche. Im Südwesten führt ein Wallannex, zusätzlich 11 ha umfassend, hangab zu einer Quelle auf 630 m Meereshöhe. Das Baumaterial steht in natürlichen Rasseln auf dem Berge und besonders nordöstlich an der Weißen Mauer in riesigen Mengen an. Über die Bebauung des Innern gibt es eine Nachricht aus dem 18. Jahrhundert, wonach auf dem Gipfel die Trümmer eines „Castells“ und eine Zisterne lagen. Alte Mauern und Keller auf dem Altkönig erwähnt schon Erasmus Alberus 1550 in seinem „Buch der Weisheit“. Das Fundmaterial des Ringwalles datiert diesen in die ältere Latènezeit. Als frühere Funde sind auf dem Berg einige Steinbeile, sowie eine bronzene Lanzenspitze der Urnenfelderkultur zu erwähnen, die am Osthang unterhalb der Wälle beim Bau der Fahrstraße zum Vorschein kam.

Ferner gibt es hier, wie im ganzen Hochtaunus, auch römische Eisenfunde. Die Altkönigwälle haben als Fluchtburg bis in die Neuzeit gedient, so vor den Truppen des Generals Custine im Jahre 1792. Bis 1848 stand auf dem Gipfel ein schöner Buchenhochwald.

Am Südhang des Altkönigs und ihm vorgelagert sind einige frühgeschichtliche Ringwälle zu erwähnen. Als südöstlicher Ausläufer bildet der *Hünerberg* eine am Wege von Schönberg zur Hohemark isoliert auf 375 m aufragende Kuppe mit felsigen Abstürzen. Der Gipfel wird von einer 1,80 m starken Trokkenmauer umgeben, während im Osten eine niedere Vorstaffel mit dem eingezogenen Tor von einer 6 m starken Erdmauer mit Holzbindern und Steinverblendung sowie einem Sohlgraben eingefaßt wird. Die Fläche der Anlage umfaßt 2,2 ha. Thomas fand 1909 darin Siedlungsreste, angeblich aus spätfränkischer Zeit, und Spuren von Eisenverhüttung. Der Hünerberg gehört zur Gemeinde Oberhöchstadt. Nicht weit westlich von ihm, im Kronberger Wald, erhebt sich das *Bürgel* mit seinen westöstlich streichenden Klippen, das nach Cohausen mit zwei Trockenmauern im Norden und Süden verstärkt war und vielleicht ebenfalls im frühen Mittelalter befestigt wurde. Ferner wurde auf dem *Burgberg von Königstein* 1956 von D. Baatz, dem heutigen Direktor des Saalburgmuseums, eine gemörtelte Ringmauer

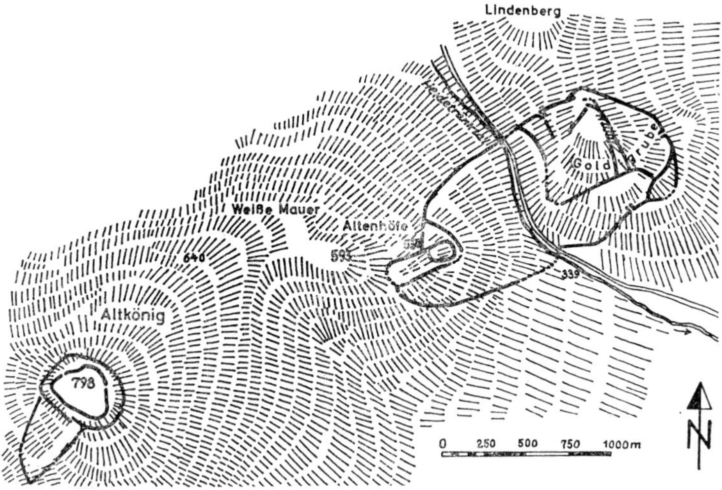

Karte der Ringwälle des Altkönigs und des Oppidums Hohemark. Nach H. Schönberger.

festgestellt, die jedenfalls nachrömisch ist; von dort stammt eine eiserne Axt der Völkerwanderungszeit.

Der Altkönig hängt im Nordosten durch ein Joch auf 575 m Meereshöhe mit der Weißen Mauer und den Altenhöfen zusammen. Die Weiße Mauer ist eine Naturbildung und stellt ein diluviales Frostschuttmeer dar. Den Gipfel der *Altenhöfe* umschließt ein kleiner, aber komplizierter Ringwall, der durch Steinabfuhr zuende des vorigen Jahrhunderts besonders stark gelitten hat, so daß die Wälle nur noch ein

Schatten ihrer selbst sind. Ein kleines ovales Kernwerk wird durch einen länglichen Annex nach Südwesten auf 5 ha erweitert. Auf dem Gipfel fand sich neuerdings eine Grube mit Hallstattscherben.

Der Dalbesberg, auf dem die Altenhöfe liegen, fällt recht steil gegen Nordosten in das Tal des Urselbaches ab, das an dieser Stelle Heidetränktal heißt. Gegenüber auf der anderen Seite erhebt sich die *Goldgrube,* so genannt nach einem mißglückten Bergbauunternehmen der homburgischen Landgrafen in der Barockzeit, auf 492 m Höhe. Der frühere Name des Berges ist verschollen. Das geräumige Plateau fällt in Stufen ab und trägt ein kompliziertes Ringwallsystem von 25 ha Fläche. Im Gegensatz zu den Steinwällen der Altenhöfe bestehen die Goldgrubenwälle aus Steinen und Erde, und auch hier wurden Holzeinbauten festgestellt. Eine mehrfache Verriegelung bemerkt man gegen Norden, wo der Goldgrubenberg über einen Sattel mit dem um 50 m höheren Lindenberg zusammenhängt; dieser ist, entgegen älteren Vermutungen, nicht befestigt. Die Wälle auf dem Plateau der Goldgrube zeigen einfache Tordurchlässe. Den Funden nach zu urteilen, dürften sie in die frühe Latènezeit zurückgehen. In der Spätlatènezeit hat man einen stark erweiterten Wall und Graben angelegt, der auf der Nordwestseite noch heute mauerartig zu beachtlicher Höhe aufragt, die Höhenlinien schräg oder senkrecht schneidet und quer über den Talgrund hinweg die Goldgrube mit den Altenhöfen zu einer einheitlichen riesigen Verteidigungsanlage verbindet, mit 130 ha Fläche und Höhendifferenzen bis zu 230 m, dem „Oppidum über dem Heideränktal“ oder „Oppidum Hohemark“, wie wir es nennen. Oppida heißen die spätkeltischen befestigten Städte auf Bergen oder im Flachland, die einer ganzen subantiken Zivilisation den Stempel aufdrücken und der römischen Eroberung unmittelbar vorausgehen. Die jüngeren Wallmauern haben die typischen eingezogenen „Zangentore“, von denen auf der Goldgrube eines im Nordosten gegenüber den Goldgrubenfelsen oder Hangelsteinen liegt, wo der heutige Weg bergauf den alten Toren bis in das Kernwerk folgt, eines am Südosthang links neben dem zu den Goldgrubenfelsen aufsteigenden Fahrweg, eines im Nordwesten rechts an einem in die Festung einbiegenden Waldweg. Ein Zangentor liegt gegen Westen auf den Altenhöfen nördlich vom Kernwerk. Verschwunden ist das entsprechende Tor im Tal links neben dem aus der Festung austretenden Urselbach, am sogenannten Löbersloch, wo eine Quelle entspringt. Der Automobilist, der heute die breite Straße zum Sandplacken hinauffährt, merkt nichts davon, daß hier einmal eine der romantischsten Partien im ganzen Taunus war. Noch vor hundert Jahren rauschte der Heideränkbach aus einer engen Schlucht über Felsen in die hier endenden Talwiesen, gedeckt von riesigen Eichen, östlich überragt von einem Meere steiler Felsklippen, der sogenannten Klemmsteine. Alles dieses wich schon damals dem Bau der „Kanonenstraße", und die moderne Straßenverbreiterung nahm der Talsohle den Rest ihres Reizes. In das Innere des Oppidums führte hier kein Fahrweg, die Fuhrleute mußten zum Teil das Bachbett benutzen. Der Name „Heidetränke" erscheint ganz passend, denn diese gewaltige Sperre erlaubte die Bergung großer Viehherden im Schutze der Hochtaunustalung.

Bachabwärts, 2,5 km südöstlich der Ringwälle, treffen wir am Rande der Ebene eine weitere Sperre in Gestalt des sogenannten *Heidengrabens,* der auf 1225 m Länge fast gerade in nordsüdlicher Richtung das Tal kreuzt, mit Eingang etwa 90 m nördlich der heutigen Autostraße. Es handelt sich um einen Erdwall mit trockener Frontmauer und vorgelegtem Spitzgraben gegen Südosten, anscheinend mit Hölzern versteift. Erhalten ist nur der südliche Berganschluß und das nördliche Stück in der Stedter Hardt zwischen den dort liegenden Hügelgräbern. Thomas fand 1912 bei einem Wallschnitt latènezeitliche Scherben, doch bleibt die genaue Datierung der Anlage unklar; sie könnte auch jünger sein.

Die Goldgrube ist ebenfalls von Thomas erforscht worden, der 1906 einen Gesamtplan des Oppidums vorlegte. Man muß sich vor Augen halten, daß da-

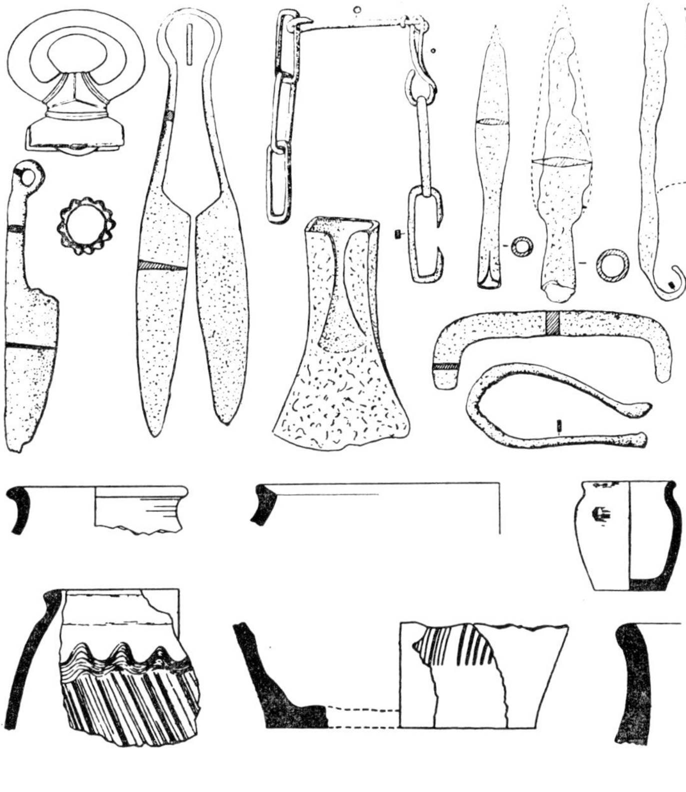

Latènefunde von der Goldgrube, Oppidum Hohemark. Bronze, Eisen und Ton. Nach D. Baatz. Museen Frankfurt und Wiesbaden.

mals von den Wällen mehr zu sehen war als heute. Nach dem zweiten Kriege hat D. Baatz anläßlich von Windbrüchen und Wegverbreiterungen weitere Funde gesammelt. Die Masse des Materials, Keramik, Eisen, Bronze, Glas und auch Münzen, gehört der Latènezeit, besonders ihrem späteren Abschnitt, an. Hallstattfunde haben wir bisher nur von den Altenhöfen. Brandlehm, Schlacken und Mahlsteine weisen ebenso auf eine Besiedlung, die aber nicht sehr intensiv gewesen sein kann, da eine eigentliche Kulturschicht mangelt. Unter dem östlichsten Wall der Goldgrube wurde 1894 ein Körpergrab der mittleren Bronzezeit mit je zwei Radnadeln und Armspiralen direkt auf dem Felsen entdeckt. Abgesehen von den erwähnten Hügelgräbern in der Stedter Hardt am Heidengraben, die ebenfalls bronzezeitliche Funde erbrachten, wäre hier noch auf ein einzelnes Hügelgrab 800 m südöstlich der Wälle hinzuweisen. Die Goldgrube erbrachte auch einige römische Funde, die aber nicht als Beweis für die fortdauernde Benutzung der Befestigung herangezogen werden können.

Von der Goldgrube führt nach Nordosten ein Spazierweg zum *Bleibeskopf*, eine bis 480 m aufragende Staffel am Südwesthange des Herzberges. Der Bleibeskopf fällt nach Süden in drei Stufen ab, die im Oval von einer 3 m starken Trockenmauer umschlossen werden, mit einfachem Tordurchlaß von Nordosten. Einige natürliche Felsgruppen waren geschickt in die Umwallung einbezogen, wovon man infolge der Zerstörungen heute nichts mehr sieht. Der Ringwall hat eine Fläche von 1,4 ha. Thomas fand 1910 Spuren einer Besiedlung vom Ende der späten Bronzezeit, mit bronzenen Geräten, Keramik, Spinnwirteln und Mahlsteinen. Einige feine rot bemalte und graphitierte Scherben entsprechen der im Frankfurter Stadtwald aus einem Hügelgrab an der Rennbahn 1960 geborgenen Ware. Etwa 1,2 km entfernt liegt im Süden wieder eine Gruppe von Hügelgräbern.

Jenseits des Saalburgpasses thront auf einem nach Osten abbiegenden Ausläufer des Taunuskammes die *Gickelsburg*, 471 m über dem Meere aufsteigend, gegen den Paß durch den etwas höheren Fröhlichemannskopf gedeckt. Der ovale Ringwall hat 1,6 ha Fläche. Thomas fand bei seinen Grabungen von 1912 Steinmauern mit hölzernen Querbindern, nur im Westen eine Erdmauer mit Steinblende von 4,20 m Stärke und einen vorgelegten Graben. Hier lag auch ein Tor mit übergreifenden Wangen. An der Innenseite der Wälle wurden Reste von Hütten festgestellt. Die Funde datieren die Anlage in die späte Hallstattzeit.

Die Ringwälle des Hochtaunus bilden also nur im topographischen Sinne ein System und gehören verschiedenen Perioden an. Zu ihrem Verständnis ist daher ein Blick auf die andern Ringwälle im Frankfurter Raum und in der Wetterau angebracht. Am Auslauf der den Horizont im Westen begrenzenden Bergkulisse trägt der Hofheimer Kapellenberg (292 m) einen langgestreckten Ringwall von 46 ha Größe, der neolithische Funde der Michelsberger Kultur erbracht hat. Solche sind auch auf dem Johannisberg (270 m) bei Bad Nauheim sowie auf dem Glauberg (267 m) am Ostrande der Wetterau erschienen, hier zusammen mit Rössener Scherben und angeblich in Verbindung mit einem Wall. Das Neolithikum findet sich nur auf niederen Bergen in Nähe der Ebene und ist in den Hochtaunus nicht vorgedrungen. Aus der Endbronzezeit haben wir die Befestigung auf dem Bleibeskopf sowie Siedlungsfunde auf dem Johannisberg, dem Glauberg und dem Hausberg (486 m) bei Butzbach, wobei es unklar bleibt, ob die Befestigungen dieser Berge soweit zurückgehen. Der Hallstattzeit gehören die Altenhöfe und die Gickelsburg an, beide mit Sperrcharakter an einem Paß oder Tal. In der frühen Latènezeit, deren Überlappung mit der Späthallstattkultur ein besonderes Problem bildet, setzt dann der Ringwallbau im Großen ein. In diese Periode gehören Altkönig, Goldgrube, Kapellenberg, Johannisberg, Glauberg, Hausberg, vielleicht auch der einzige Ringwall des Odenwaldes, die Heuneburg (376 m) bei Lichtenberg, Kr. Dieburg, und ein Teil der Ringwälle des Spessarts, die seinen Westrand von Miltenberg bis Gelnhausen begleiten.

Hier möchte man an politische Herrschaftszentren glauben. In die Spätlatènezeit fällt im Taunus allein die Festung Hohemark, und vielleicht eine Schicht des Glaubergs; inwieweit diese Wälle bei den frührömischen Feldzügen noch eine militärische Rolle spielten, ist unklar. Die Ringwälle des Taunus als Sperrkette der Chatten in flavischer Zeit anzusehen, wie es gelegentlich vertreten wird, geht jedenfalls nicht an. Auch von einer Erstürmung des Altkönigs durch römische Kohorten will die Fachforschung nichts wissen. Die Römer haben auf dem Taunus keine Stützpunkte von strategischer Bedeutung angelegt, sondern nur Grenzsperren.

Bei allen Ringwällen stellt sich die Frage nach zugehörigen Gräberfeldern, aber die gewaltigen Wälle des Altkönigs fordern darüber hinaus zur Suche nach Fürstengräbern auf. Wer anders als ein mächtiger Fürst hätte auch ein solches Werk bewirken können. Wir kennen in der frühen Latènezeit der Rheinlande ausgesprochen fürstliche Bestattungen mit Goldschmuck, etruskischem Bronzegeschirr und Streitwagen. Solche Gräber gibt es in Rheinhessen, um Wiesbaden und an der Bergstraße. Im engeren Frankfurter Gebiet sind sie bisher ausgeblieben, wenn man von einem verschollenen Bronzekessel aus Weilbach absieht, aber irgendwo sollten die Fürsten des Altkönigs ruhen.

Römisches Grenzland

Das Erscheinen der Römer am Rhein, durch Caesars Eroberungen in der Mitte des letzten vorchristlichen Jahrhunderts vorbereitet, verändert die archäologische Szene. Die mediterrane Hochkultur hält ihren Einzug, ein Reich vom Rhein bis zum Euphrat, vielleicht begünstigt durch eine wärmere Klimaphase. Caesars Nachfolger, der Kaiser Augustus, versuchte seit dem Jahre 15 v. Chr. die römische Grenze bis an die Elbe vorzuschieben, womit auch das Frankfurter Gebiet vorübergehend unter römische Herrschaft kam. Ein Gelingen dieses Planes hätte welthistorische Folgen gehabt, aber er wurde durch die kühne Politik des Cheruskerfürsten Arminius vereitelt. Die Schlacht im Teutoburger Walde im Jahre 9 n. Chr. war die schwerste Niederlage, die Rom je erlitten hat; die Nummern der untergegangenen Legionen 17, 18 und 19 wurden nicht mehr vergeben. Die Rheingrenze aber blieb bestehen und bildete fortan eine scharfe Kulturscheide, deren Wirkungen bis in die Gegenwart fortdauern, obwohl niemals in vorgeschichtlicher Zeit der Rhein eine solche Grenzfunktion gehabt hat.

Wahrscheinlich schon im zweiten Jahrzehnt vor Christ ist das Zweilegionenlager Mainz angelegt worden, von dessen Höhe man das Untermainland bis zum Hochtaunus überblickt. Von hier aus gingen

Überkreuzende Fundamentspuren römischer Soldatenbaracken im Steinkastell von Heddernheim, Konstantinstraße. Zu Seiten 148 und 170.

Medaillon eines Glanztonkruges, römische Ware von Lyon, Wagenlenker mit Siegerkranz. Gefunden in Heddernheim, Privatbesitz. Zu Seite 156. Aufnahme F. Kochmann.

die römischen Feldzüge unter Drusus durch die Wetterau nach Mitteldeutschland und mainauf nach Böhmen. Daß aber der Eigelstein auf der Mainzer Zitadelle das Grabmal des Drusus sei, ist eine gelehrte Sage. Ein frühes römisches Nachschublager wurde 1961-66 von H. Schönberger bei Rödgen in der Wetterau ausgegraben. Sonst sind augusteische Stützpunkte rechts des Rheines noch von Wiesbaden, Höchst, Friedberg und Bad Nauheim bekannt. Das Kastell „in monte Tauno", das Germanicus im Jahre 15 n. Chr. beim Feldzug gegen die Chatten auf den Trümmern der älteren Anlage seines Vaters Drusus erbauen ließ, wird heute mit guten Gründen auf dem Burgberg von Friedberg lokalisiert. Im Frankfurter Stadtgebiet ist Höchst der einzige Fundplatz frührömischer Altertümer geblieben. G. Wolff und E. Ritterling fanden hier Spitzgräben zu mehreren Erdkastellen; typische Objekte, wie italische Terra Sigillata und augusteische Münzen, sind über den ganzen Stadtkern von Höchst verstreut. Die frührömischen Kastelle hatten außen noch nicht die starre Rechteckform, die am Ende des Jahrhunderts in Mode kam, sondern erinnern noch ein wenig an die alten Ringwälle.

Kaiser Tiberius rief im Jahre 17 n. Chr. die Legionen auf das linke Rheinufer zurück. Vorwärts von Mainz blieb aber ein Brückenkopf um Wiesbaden und Hofheim bestehen, nicht unangefochten von den

Angriffen der Chatten, des in Nordhessen ansässigen, von den früheren Kämpfen her bekannten germanischen Stammes, dessen Kriegstüchtigkeit Tacitus in lebendigen Bildern schildert. Umgekehrt scheint eine Gruppe oberrheinischer Sueben im Groß-Gerauer Land, gegenüber Mainz, sich in der ersten Hälfte des ersten Jahrhunderts mit Duldung des römischen Kommandos eingerichtet zu haben. Freunde der Römer waren auch die germanischen Mattiaker um Wiesbaden, in dieser Hinsicht den Ubiern in Köln vergleichbar. Die Siedler im Frankfurter Raum hatten eine stärkere keltische Komponente und lehnten sich wohl lieber an die Römer als an die Chatten an. Von den Feldzügen, die gegen letztere durch das Taunusvorland und die Wetterau unter den Kaisern Caligula, Claudius und Nero geführt wurden, fanden sich bisher wenig Spuren; sie werden aber die Siedlung in diesen Gebieten nicht begünstigt haben. So ist die archäologische Bilanz des ersten Jahrhunderts im Frankfurter Raum zunächst recht mager. Mit einem gewissen Export römischer Industriewaren über die Grenze ist aber zu rechnen. Eine einheimische Siedlung mit früher westgermanischer Keramik und einigen Sigillaten wurde im Frankfurter Osthafen aufgedeckt. Moguntiacum, das römische Mainz, war keine Colonia, wie Köln oder Trier, aber doch ein stattlicher Ort, wie die Errichtung der großen Jupitersäule zu Ehren des Nero beweist. Alles drängte auf eine erneute römische Besitznahme des fruchtbaren untermainischen Vorlandes.

Den Anstoß gaben die Umwälzungen des Vierkaiserjahres 69 nach dem Tode Neros. Daß schon unter Kaiser Vespasian mit einer römischen Besetzung der Wetterau und dem Bau einer Vormarschstraße zu rechnen ist, lassen neue Funde frühflavischer Terra Sigillata in Heddernheim, Okarben und Friedberg vermuten. Auch südlich des Maines hat dieser Kaiser Straßen und Kastelle angelegt und insbesondere die Verbindung von Mainz über Groß-Gerau nach Ladenburg und Heidelberg ausgebaut. Im Norden haben die Chatten diese Aktivitäten natürlich wenig freundlich betrachtet. Kaiser Domitian nahm das zum Anlaß, mit einem regelrechten Chattenkrieg in den Jahren 83-85 das Werk des Vaters zu vollenden. Es war die letzte große Offensive der Römer gegen Germanien. Unsere Quellen sind überwiegend archäologischer Art, da das Andenken des Kaisers nach seiner Ermordung ausgelöscht worden ist. Die Museen der Wetterau wissen ihm Dank, denn nun wurde der Glanz römischer Kultur über das Land ausgeschüttet. Domitian schloß den Wetteraubogen in das Reich ein; ob er mehr geplant hatte, ist schwer zu sagen. Die Chatten haben jedenfalls den Krieg gut überstanden und waren in der Lage, gleichzeitig in das Gebiet der Cherusker einzufallen. Domitian zog die Legionen I und XIV von Mainz, VIII von

Straßburg, XI von Windisch und XXI von Bonn, zuzüglich britannischer Vexillationen, für diesen Krieg zusammen. Marschlager und feste Kastelle wurden in der Ebene angelegt; in Heddernheim und Okarben hatten die Reiterabteilungen ihren Standort. Der Limes war zunächst, als Flankendeckung, ein durch die Wälder gehauener Grenzweg, was auch der Name ausdrückt, und wurde später mit Holztürmen, dann mit kleinen Schanzen befestigt. Er schneidet die Taunusringwälle rückwärts ab, aber es ist, wie erwähnt, nicht wahrscheinlich, daß diese damals noch eine Rolle spielten. Die einheimische Bevölkerung wurde nicht feindlich behandelt, vielmehr wird überliefert, der Kaiser habe ihnen die beim Kastellbau vernichteten Ernten entschädigt. Ein gut organisierter Krieg, der aber die Chatten nicht hinderte, in den Jahren 88-89 sich erneut in die römischen Dinge einzumischen. Der Statthalter in Mainz, Saturninus, empörte sich damals gegen den Kaiser, und die Chatten benutzten die Gelegenheit zu neuen Einfällen und Brandschatzungen.

Danach trat Friede ein. Domitian begründete die beiden Provinzen Ober- und Niedergermanien mit den Hauptorten Mainz und Köln. Die 1., 14. und 21. Legion wurden von Mainz nach Dacien und Pan-

---

▶

Der Obergermanische Limes unter Kaiser Hadrian. Nach W. Schleiermacher.

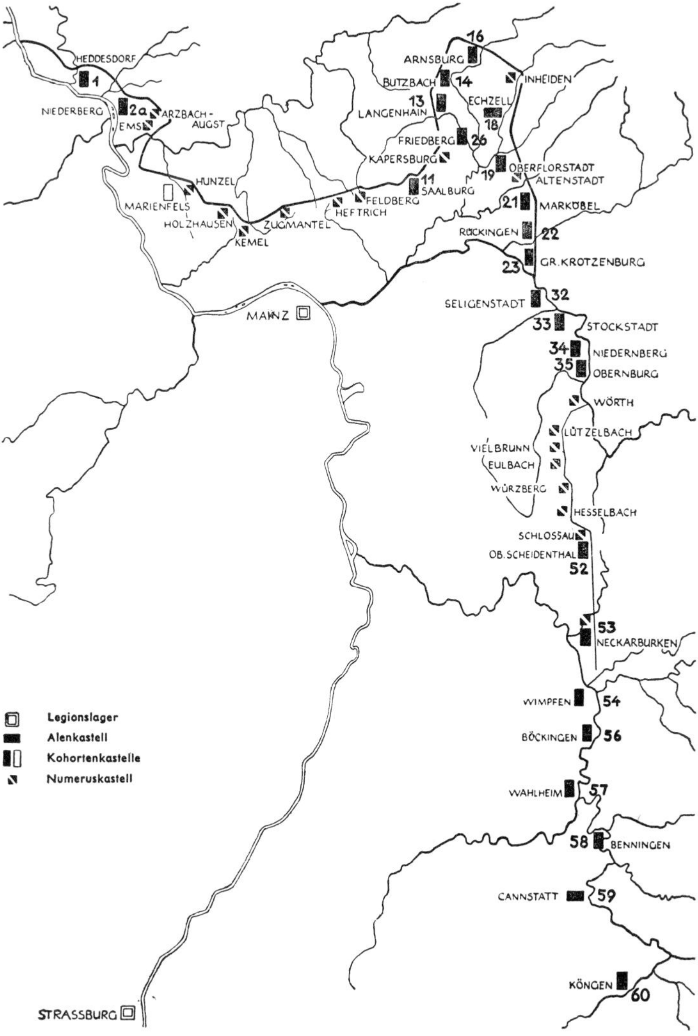

HEDDESDORF
1
NIEDERBERG
2a
ARZBACH-AUGST
EMS
HUNZEL
MARIENFELS
HOLZHAUSEN
KEMEL
ZUGMANTEL
HEFTRICH
FELDBERG
11
SAALBURG
KAPERSBURG
FRIEDBERG
26
LANGENHAIN
13
BUTZBACH
14
ARNSBURG
16
ECHZELL
18
INHEIDEN
19
OBERFLORSTADT
ALTENSTADT
21
MARKÖBEL
RÜCKINGEN
22
23
GR. KROTZENBURG
SELIGENSTADT
32
33
STOCKSTADT
34
NIEDERNBERG
35
OBERNBURG
WÖRTH
LÜTZELBACH
VIELBRUNN
EULBACH
WÜRZBERG
HESSELBACH
SCHLOSSAU
OB. SCHEIDENTHAL
52
53
NECKARBURKEN
WIMPFEN
54
BÖCKINGEN
56
WAHLHEIM
57
58
BENNINGEN
CANNSTATT
59
KÖNGEN
60
MAINZ
STRASSBURG
Legionslager
Alenkastell
Kohortenkastelle
Numeruskastell

nonien verlegt, die 22. Legion kam im Jahre 92 von Xanten nach Mainz und blieb dort als einzige Besatzung bis zum Ende der Römerherrschaft. Das Land zwischen Rhein und Donau wurde fest in den Reichsverband eingegliedert. Kaiser Trajan, der als Statthalter von Obergermanien zum Throne gelangte, setzte die Befriedung fort. Die Alen und Kohorten, später die Numeri, wurden an die Limesgrenze verlegt, die Kastelle der Ebene geschleift. Eine zivile Organisation wurde in der Wetterau außerhalb der militärischen Zonen eingerichtet, die Civitas Taunensium, wie sie nun, den Namen des Drususkastells aufnehmend, heißt. Die Civitates Mattiacorum in Wiesbaden und Auderiensium um Dieburg waren die Nachbarn im Westen und Süden. Eine freie Germanengruppe im Gießener Becken konnte sich so nahe der Grenze wohl nur behaupten, weil sie unter römischem Schutz stand. Auch im Hintertaunus, Vogelsberg und Spessart dürften sich kaum feindliche Siedlungen gehalten haben; von Seligenstadt bis kurz vor Miltenberg bildete nun der Main die Grenze. Für die militärische Bautätigkeit waren die Zentralziegeleien in Nied an der Mündung der Nidda in den Main von großer Bedeutung. Gallische Kolonisten strömten in das neu gewonnene Land.

Die Regierungszeiten der Kaiser Hadrian und Antoninus Pius führten eine Blüte römischer Zivilisation auch im Frankfurter Gebiet und in der Wetterau herauf. Hadrian, der gleich zu Beginn seiner großen Reisen die Rheinlande besuchte, ließ den Limes mit einer Palisade befestigen. Die von den Truppen angelegten schnurgeraden Straßen kamen auch dem Zivilverkehr zugut. Herbergen luden zur Rast, „bona mansio", die gute Herberge, steckt noch im Namen des nördlichen Frankfurter Vorortes Bonames. Für die Ordnung war eine Straßenpolizei verantwortlich, die Beneficiarier. Die Geldwirtschaft wurde nun allgemein, ein Aureus galt 25 Denare, 100 Sesterzen oder 400 Asse. Wie locker das Geld im Beutel saß, beweisen die zahlreichen Funde einzelner Münzen. Sicherheit war garantiert. Niemand außerhalb des Heeres durfte Waffen tragen. In den zivilen Siedlungen findet man nur Jagdwaffen. Dies markiert einen scharfen Unterschied zu der vorgeschichtlichen Zeit und auch zu späteren Perioden. Die Truppen in den Grenzkastellen sorgten für das Gedeihen der Landwirtschaft. Sie beruhte auf einer Vielzahl von Gutshöfen, im Südteil der Wetterau mit 1-2 km Abstand, oft schön gelegen, zugleich auch Zentren des Kleingewerbes. Produziert wurde vor allem Weizen. Die römische Landeinteilung liebte den rechten Winkel, soweit sich dies mit der Straßenführung vertrug, doch ist das römische Kataster der Wetterau bisher nicht bekannt. Bauerndörfer gab es nicht, wohl aber Lagerdörfer vor den Toren der Kastelle, die mit Schenken und Handwerksbuden den Bedürfnissen der Soldaten dienten. Aus einem solchen Lagerdorf entstand nach der Aufhebung des Kastells der Vicus Nida-Heddernheim, wo sich ein buntes Marktleben aus den umliegenden Kastellen und Villen entfaltete. Auch für den Transport der Wirtschaftsgüter, der sich bevorzugt auf den Flüssen abspielte, besaß Nida eine hervorragende Lage. Wer besser einkaufen oder gute Spiele sehen wollte, hatte es nicht weit zur Provinzialhauptstadt Mainz. Die dort stationierte Legion war der eigentliche Träger der römischen Zivilisation, die Kohorten an der Grenze waren ihr zugeordnet, die Veteranen bildeten einen geachteten Teil der Bevölkerung.

Eigentliche Römer wird man hier wenig gefunden haben. Die nördlichen Provinzen dienten nur dem Schutz des Südens, und jeder Senator oder Ritter dankte den Göttern, wenn er sein Kommando an der germanischen Grenze gesund hinter sich gebracht hatte. Ein Teil der Einheimischen stieg zum römischen Bürgerrecht auf, das in jedem Fall nach Ablauf einer militärischen Dienstzeit erworben wurde. Einheimisch war auch der Stand der Dekurionen, der die kommunalen Ehrenämter besetzte, was die Verpflichtung zu öffentlichen Stiftungen in sich barg. Die Masse der Bevölkerung bestand aus sogenannten Per-

---

▶

Tiergestaltige Bronzebeschläge aus Heddernheim. Meergreif, Flügelpferde und Hirsch. 1 und 3 Privatbesitz.

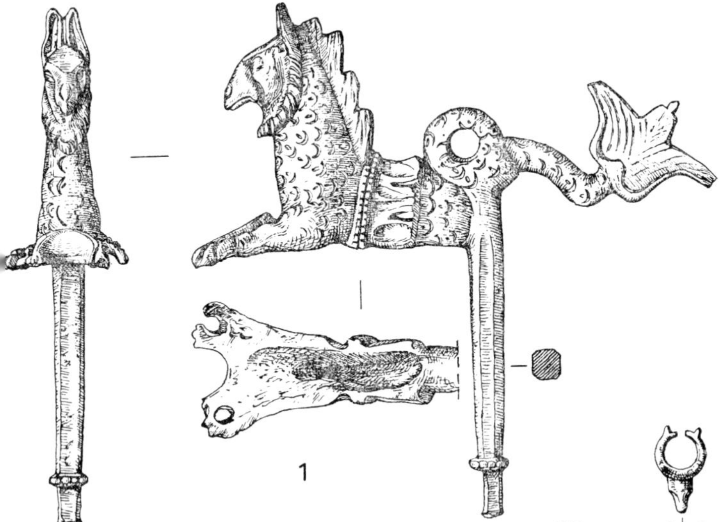

1

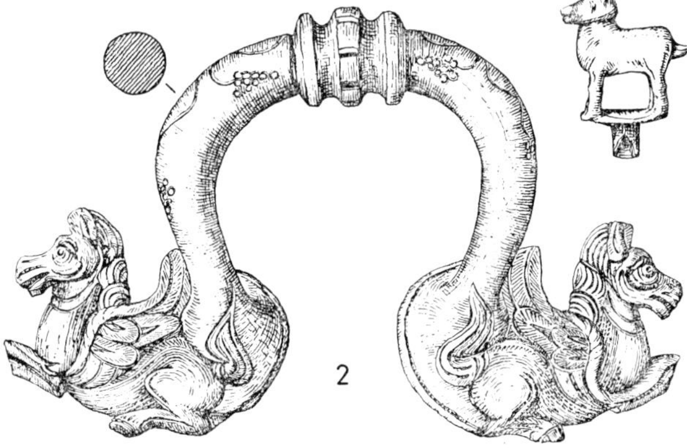

2

3

egrinen, Fremdlingen von Rom aus gesehen, die aber als Freie das Bürgerrecht ihrer Civitas besaßen. An der Basis standen die Sklaven, ohne Recht, aber doch mit der Möglichkeit, durch Freilassung aufzusteigen; dies begründete eine starke personale Bindung. Sklave wurde man in der Antike leicht durch Kriegsgefangenschaft. Auch die Germanen hatten Sklaven. Die wirtschaftliche Bedeutung der Sklaverei erscheint aber in dieser Zeit schon stark gesunken.

Die ganze Gesellschaft war außerdem von religiösen Formen und Ideen durchzogen, die sich mit den sozialen verbanden und in zahlreichen Korporationen gepflegt wurden. Oberste Götter waren Jupiter, Juno und Minerva, die Trias des Kapitols. Merkur und Herkules beschützten Handel und Gewerbe, Fortuna den Weg des Lebens. Daneben gab es eine Unzahl einheimischer Gottheiten, die in römischem Gewande auftraten, sowie Genien und Dämonen in jedem Lebewesen, jedem Ding und jeder Einrichtung. Die Römer übten religiöse Toleranz, ohne die ihr ausgedehntes Reich schwerlich so lange Bestand gehabt hätte. Eine Pflicht der politischen Loyalität war allerdings der offizielle Kaiserkult; wer diese verletzte, galt als Staatsfeind. Heiligtümer standen überall, jedes Haus besaß seinen „Herrgottswinkel“, und die bildliche Darstellung der Götter war allgemein. Die Gräber lagen außerhalb der Vici, Villen oder Kastelle an den Straßen, immer mit redenden Grabsteinen, oft mit prunkvollen Grabmälern geschmückt. In den beiden ersten Jahrhunderten herrschte die Leichenverbrennung.

Die Bevölkerung war bunt gemischt, die Truppen kamen aus den verschiedensten Ländern, z. B. lag in Friedberg, dessen Kastell bestehen blieb, im 2. und 3. Jahrhundert die 1. Damascenerkohorte. Handel und Wandel umspannten das ganze Reich. Die Mehrzahl der Bewohner unseres Gebietes dürfte aber keltischer oder germanischer Abstammung gewesen sein, was äußerlich keinen Unterschied machte und in der gemeinsamen lateinischen Umgangssprache zusammenschmolz. Dies prägt sich auch in den Personennamen aus.

Die materielle Kultur war an der Grenze eindrucksvoller als vielerorts im gallischen Hinterland, da das Militär die Romanisierung beförderte. Das schöne Mosaik aus dem Bade von Vilbel, das heute im Landesmuseum Darmstadt liegt, gibt davon eine gute Anschauung. Auch die Kunst durchdrang alles, bis zum bescheidensten Gerät hinunter. Die Differenzierung der Formen nach Zweck und Dekor ist das auffälligste Merkmal der römischen Kultur gegenüber der Vorgeschichte und auch den nachfolgenden Zeiten. Die Farben der Wandmalereien sind bis heute unverblaßt, man findet solche in Kastellen wie in Villen. Die Textilien, Kleiderstoffe oder Teppiche sind dagegen verloren. Daß es in den Häusern kunstvolle Möbel gab, lehren die bildlichen Darstellungen und die Funde von Bronzebeschlägen. In Massen tritt die Keramik auf, Behälter für alles, gedreht und gut gebrannt, meist gelb, oft auch schwarz, rot oder bunt, bemalt oder mit Relief verziert, genährt aus hellenistischen, keltischen und selbst germanischen Traditionen, dies letztere charakteristisch für unsere Gegend. Die rote aus Modeln geformte Terra Sigillata wurde weit verhandelt, die Fabriken standen in Gallien und den Rheinlanden, aber gewöhnliches Geschirr wurde am Ort hergestellt, etwa in Heddernheim oder auch bei den Villen. Silber, Bronze und Glas schmückten den Tisch der wohlhabenden Bürger.

Höhere literarische Bildung, die allein Ansehen in der antiken Welt gewährte, wird man freilich an der Militärgrenze wenig gefunden haben, höchstens am Hofe des Statthalters oder in einer reichen Villa. Die Civitas Taunensium oder der Vicus Nida sind in der uns überkommenen griechischen und römischen Literatur mit keinem Wort erwähnt; ohne den Spaten der Archäologie wüßten wir von allen diesen Dingen so gut wie nichts.

In der hohen Kaiserzeit ließ es sich also gut leben. Aber unter dem Kaiser Mark Aurel erschienen die ersten Boten des Unheils. Die große Pest des Jahres 166 war das Symbol. Die Wetterau erlebte in den Jahren 162 und 170 erneute Angriffe und Zerstö-

Südgallische Terra Sigillata aus dem Heddernheimer Steinkastell, Konstantinstraße.

rungen der Chatten. Zwei Münzschätze von Seligenstadt und Stockstadt mögen damals verborgen worden sein. Schwerer zu bestehen waren die Kämpfe mit den Alamannen, einem zu Beginn des 3. Jahrhunderts neu auftretenden germanischen Stammesbund mitteldeutscher Herkunft. Im Jahre 213 zog Kaiser Caracalla gegen sie zu Felde, mit der größten römischen Heeresmacht seit Domitian, und sicherte den Frieden für zwei Jahrzehnte, freilich zum Teil mit Geldzahlungen. Spätestens in dieser Zeit wurde der obergermanische Limes in der heute sichtbaren Form mit Wall und Graben befestigt und auch die Kastelle wurden stärker ausgebaut. Der Vicus Nida erhielt eine Wehrmauer. Das allgemeine Bürgerrecht wurde verkündet. Im Jahre 233 brachte ein neuer Angriff der Alamannen schwere Zerstörungen, doch konnte, nach der Ermordung des Kaisers Severus Alexander in Mainz, sein Nachfolger Maximinus Thrax die Ordnung wieder herstellen. Noch war der Mut der römischen Zivilbevölkerung nicht gebrochen, niemand ahnte, daß eine Generation später das Ende kommen sollte. Zerstörte Denkmäler wurden wiederhergestellt, Kastelle und Wohnstätten aufgebaut, Meilensteine an den Straßen erneuert. Noch war die Zivilisation intakt, obgleich die Zeichen des wirtschaftlichen Niederganges sich mehrten und die Qualität des Handwerks sank. Die Mehrzahl der uns überkommenen römischen Steinplastiken stammt aus dem 3. Jahrhundert. Ein Wandel war auch im religiösen Leben eingetreten. Orientalische Erlösungsreligionen beherrschten das Feld, der persische Lichtgott Mithras, Patron der Soldaten, dann Kybele, die Muttergöttin aus Vorderasien, und der syrische Jupiter Dolichenus. Der heimische Glaube manifestierte sich in den Jupitergigantensäulen, die als Denkmäler des privaten Kultes und trotziges Symbol für den Sieg des Guten allenthalten in Vicis und Villen standen. Nur das Christentum hat Nida-Heddernheim nicht mehr erreicht. Die unverbrannte Bestattung der Toten, ausgestreckt und meist mit Blick nach Osten, wird schon seit Beginn des 3. Jahrhunderts allgemein üblich. Es lag an innerrömischem Zwist und dem allgemeinen Verfall, daß dies so fest gefügte Grenzland schließlich unter der Regierung des Kaisers Gallienus in den Jahren 259/60 von den Alamannen überrannt und der Rhein für anderthalb Jahrhunderte wieder die Grenze des Reiches wurde.

Anmerkung: Zur Topographie des kurzen Stückes vom römischen Limes oder Pfahlgraben nördlich von Frankfurt auf dem Taunuskamm mit den Kastellen Saalburg und Feldberg sowie den zugehörigen Schanzen und Türmen verweisen wir auf den handlichen „Limesführer“ von W. Schleiermacher, 3. Aufl. Berlin 1967.

Das Heidenfeld bei Heddernheim

Zwischen den Vororten Heddernheim und Praunheim erhebt sich nördlich der Nidda eine lößbedeckte Zunge der Mittelterrasse um 10-15 m über die Flußaue. Der höchste Punkt liegt im Zuge der Straße In der Römerstadt, früher Elisabethenstraße, bei 115 m Meereshöhe am Israelitischen Totenhof, der an der Stelle einer alten Gerichtsstätte „im Haag" allein den baulichen Veränderungen getrotzt hat. Das Gelände fällt besonders im Westen ziemlich steil zum Niddatal und zum Steinbach ab, der östlich von Praunheim in die Nidda mündet. Der Urselbach umfaßt den Terrassenabschnitt von Norden und mündet in die Nidda östlich von Heddernheim ein. Die so umgrenzte Hochfläche liegt halbwegs zwischen Main und Gebirgsrand und ist aus diesem Grunde auch klimatisch begünstigt. Ihren Südrand und Südhang nahm zur Römerzeit der ummauerte Vicus Nida ein, der ein trapezoides Sechseck von 920 m Länge und 400-580 m Breite bildet und mit einer Fläche von etwa 45 ha der ältesten Stadt Frankfurt innerhalb der Staufenmauer gleichkommt. Die Ruinenstätte von Nida gehört zur Gemarkung Heddernheim und liegt im „Heidenfeld". Der Raum innerhalb der Ringmauer hieß früher das „Burgfeld", welcher Name später auf den Südteil eingeschränkt wurde. Diesen bedeckt die 1927-29 erbaute moderne „Rö-

Weihedenkmal der Göttin Candida aus Heddernheim, Bernadottestraße. Gelbgrauer Sandstein. Zu Seite 178.

Verzierter römischer Reiterhelm aus Heddernheim, Bronze verzinnt. Zu Seite 184. Aufnahme H. Wohnaut.

merstadt", während der Nordteil seit 1961 von der „Nordweststadt" überbaut wurde.

Die urkundlichen Nennungen des Heidenfeldes gehen in das 14. Jahrhundert zurück. Mehrfach werden Äcker oder Weingärten erwähnt, die an die Mauern der „Heddernburg" stoßen. Aus den Baumeisterbüchern der Stadt Frankfurt erfährt man im 15. Jahrhundert, daß Steine in der Heddernburg gebrochen wurden. Noch im Jahre 1610 wird der Junker von Praunheim gebeten, seinem Dorf die Pflastersteine aus den Heddernheimer Burgmauern günstig abzugeben. Im 18. Jahrhundert ist die römische Ringmauer bereits geschleift. Aus den Berichten von J. J. Schudt (1714), P. J. Fuchs (1771), H. S. Hüsgen (1776, 1783) und P. W. Gercken (1788) ersieht man, daß auf den Resten der Mauer ein mit Obstbäumen bestandener Graswasen umlief, während die Innenfläche bis auf zwei wüste, zu Nachgrabungen dienende Stellen beackert war. Die Äcker waren mit Trümmern, Ziegeln und Scherben übersät und lieferten nach Regenfällen viele Münzen. Die Leute gruben nach Bausteinen und Altertümern, welch letztere sie zum Verkauf in die Stadt brachten. Man sah noch die antiken Straßenzüge und außerhalb die Ruinen zweier Rittersitze auf römischen Fundamenten, im Westen Klettenburg, im Osten Philippseck, ferner die Spuren eines Pflasterweges in Richtung nach Kronberg. Vor dem Westtor, auf Praunheimer Gemarkung, wurden römische Grabsteine gefunden. Innerhalb der Mauer hätte ein runder sogenannter Heidenturm zum Teil noch aufrecht gestanden. Hüsgen veröffentlichte 1776 eine erste primitive Planskizze des „Castrum Hadriani", wie der Vicus schon bei Fuchs bezeichnet wird, fand aber 1783 den Mauerwasen großenteils überpflügt. Der Name Heddernheim kommt sicher nicht vom Kaiser Hadrian, sondern von dem des germanischen Gründers der Siedlung, was ebenso für Praunheim gilt.

Den Verbleib der ausgebrochenen Heddernheimer Steine können wir an den Bauernhäusern, Kirchen und Schlössern der ganzen Umgebung verfolgen. An den Praunheimer Kirchhofmauern sind noch riesige Blöcke aus Basalt und Sandstein zu sehen, und die typischen kleinen Sandsteinquadern scheinen sogar an dem staufischen Rundturm auf dem Römerberg verwendet worden zu sein.

Die wissenschaftliche Erforschung des Heidenfeldes begann im 19. Jahrhundert von Wiesbaden aus, da das früher mainzische Heddernheim 1803 an Nassau gefallen war. Der dortige Geschichtsverein, der seinen Aufschwung nicht zuletzt dem „nassauischen Pompeji" verdankt, beauftragte 1823 seinen Archivar F. G. Habel mit Vermessungen und Grabungen. Habel erkannte, daß die ummauerte Anlage kein Kastell, sondern einen Vicus darstellt, der sich an ein Kastell anschließt. Das Kastell vermutete er richtig im Ostteil und bestimmte sogar die Stelle seines Westtores dort, wo die beiden nach Westen ausstrahlenden Hauptstraßen dicht südöstlich des Judenfriedhofes konvergieren. Er untersuchte mit Schnitten die Ringmauer und die Straßen und rekonstruierte das antike Wegenetz innerhalb des Vicus, wobei einige Inschriftfunde ihm behilflich waren. Auch die Auffindung der ersten beiden Mithrastempel (1826) fällt in diese Zeit. Habel hat über seine Forschungen im ersten Bande der „Nassauischen Annalen“ 1827 und 1830 mit einem Plan berichtet, dessen Original die Grundlage der späteren Forschung wurde. Leider verliefen diese Ansätze im Sande. In der Folge wurden nur wenige Funde gemacht und dazu schlecht lokalisiert, während der Ausbruch der antiken Fundamente und die Verschleuderung der Altertümer weiter ging. Im Jahre 1870 verwischte eine Flurumlegung viele ältere Spuren.

Ein neues Interesse erwachte mit der Gründung des Frankfurter Historischen Museums und seines Musealvereines im Jahre 1877. Die Frankfurter Altertumsfreunde sicherten sich das Recht zur Erforschung der Heddernheimer Römerstätte. Durch die preußischen Annexionen von 1866 war auch die Schranke vor Praunheim gefallen, das vorher zu Kurhessen gehörte und von Kassel aus betreut worden war. Damals wurde gerade an Dutzenden von Stellen nach dem „Goldenen Kalb“ gegraben, doch gingen diese privaten Wühlereien mit den achtziger Jahren zuende, und die Bodeneigentümer zeigten sich angesichts der scheinbaren Erschöpfung der Fundstelle geneigter, wissenschaftliche Ausgrabungen zu gestatten. Die klassische Periode der Heddernheimer Forschung begann 1889 mit der Übersiedlung von G. Wolff nach Frankfurt, wo er Professor am Kaiser-Friedrich-Gymnasium wurde. Auch der Verein für Geschichte und Altertumskunde beteiligte sich nun aktiv an den Grabungen und gab 1894-1918 die „Mitteilungen über römische Funde in Heddernheim" heraus. Dieser Aufschwung ging parallel zu dem der Reichslimesforschung 1892-1903, deren Streckenkommissar G. Wolff wurde. Im Jahre 1903 kam es gar zur Gründung einer Frankfurter Ausgrabungskommission, die bis 1925 bestand. Außer Wolff sind hier die Namen von Cornill, Donner-von Richter, Gündel, Riese, Quilling, Schlemmer und Thomas zu nennen. Im Jahre 1911 eröffnete B. Müller im Historischen Museum den neu geordneten Saal der Heddernheimer römischen Altertümer. Mit dem ersten Kriege ging diese fruchtbare Periode zuende.

Nach dem Kriege fiel die Last der Forschung auf das Historische Museum allein zurück. Die Grabungen wurden beim Bau der „Römerstadt" in großem Umfang wieder aufgenommen, zunächst von F. Gündel, dann von K. Woelcke, der auch die Vorberichte veröffentlichte. Kleinere Untersuchungen gingen noch

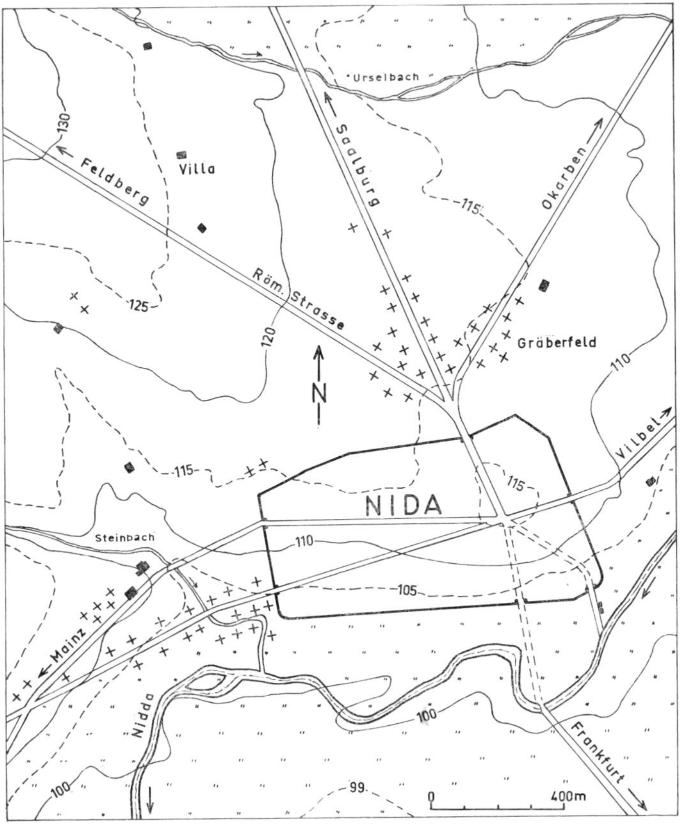

Die römischen Anlagen im Gebiet des Heddernheimer Heidenfeldes (3. Jahrhundert).

durch die dreißiger Jahre. Als Woelcke 1937 ein selbständiges archäologisches Museum im Dominikanerkloster einrichten konnte, fanden die Heddernheimer Denkmäler endlich eine angemessene Aufstellung. Der Krieg zerstörte auch dieses, so daß man heute nach Wiesbaden fahren muß, um dort im städtischen Museum einen Begriff von dem Heddernheimer Lapidarium zu bekommen. Im Jahre 1957 begann das Museum für Vor- und Frühgeschichte mit neuen Grabungen in Heddernheim und setzte sie bis 1965 jährlich unter Leitung des Verf. fort. Der Bau der Nordweststadt erforderte dann seit 1961 zusätzliche Maßnahmen. Es wurde vom Museum eine mobile Gruppe zur Aufnahme der Bauaufschlüsse gebildet, die von O. Stamm und den Restauratoren geführt wurde, außerdem Kontakt mit dem wilden Grabungswesen gesucht, das, diesmal ungesetzlich, in chaotischen Formen auflebte. Auch auf diese Weise sind gute Funde bekannt und vom Museum erworben worden. Der Wunsch das Bauamtes allerdings, das Museum für Vor- und Frühgeschichte im Zentrum der Nordweststadt anzusiedeln, fand in den städtischen Körperschaften keine Mehrheit.

Wenn wir nun in Kürze die Geschichte des Heidenfeldes darstellen, müssen wir einige Vorbehalte machen. Eine große Masse von Funden und Beobachtungen aus den älteren wie erst recht aus den neueren Grabungen harrt noch der Sichtung und Auswertung. Manche ältere Auffassung hat der Kritik nicht standgehalten. Es existiert auch kein Plan nach neuestem Stand. Für eine zusammenfassende Bearbeitung der Heddernheimer Funde sind aber die räumlichen und auch personellen Verhältnisse im Museum zur Zeit unzureichend. Heddernheim ist eine bedeutende archäologische Fundstelle. Aber so wenig je der Gedanke erwogen wurde, hier ein archäologisches Schutzgebiet auszuweisen, so wenig war es möglich, die Erforschung dieser Römerstätte auf eine adäquate Grundlage zu stellen. Die Publizität der wilden Grabungen hat sich eher negativ ausgewirkt. Dazu nahm der Ausbruch fast aller Mauern der Ruinenstätte vollends die Überzeugungskraft.

Die günstige Lage des Heidenfeldes hat schon die vorgeschichtlichen Siedler angelockt. Der Name Nida, der ebenso in Polen vorkommt, dürfte vorkeltisch sein und einer alteuropäischen Namensschicht angehören. Der warme Südhang über dem Fluß wurde bereits von den Bandkeramikern besiedelt. Neuerdings kamen Gruben der Rössener Kultur mit reichen Scherbenfunden heraus. Nicht alle Steingeräte sind aber Zeugen einer steinzeitlichen Besiedlung, denn sie wurden auch als Glättsteine in den römischen Töpfereien und als Blitzschutz in den Häusern benutzt. Im Gebiet des Friedhofes fanden sich Gruben der ausgehenden mittleren Bronzezeit, dazu ein Körpergrab dieser Periode östlich der Vicusmauer.

Die Urnenfelderkultur hat mehrere Siedlungsreste und Brandgräber mit guten Bronzen hinterlassen. Ebenso wurde das Heidenfeld in der Hallstattzeit sowie in der mittleren und späten Latènezeit besiedelt.

Die römische Besetzung begann, nach unserer bisherigen Kenntnis, erst unter den flavischen Kaisern, obwohl davor schon Truppen durchgezogen sind. Aus der Nidda hat man den erwähnten Helm geborgen. Die frühesten Sigillaten dürften aus der Zeit des Nero stammen. Es gibt auf dem Heidenfeld zahlreiche Spuren von Lagern ohne Steinausbau, die unter Vespasian in der Mitte der siebziger Jahre des 1. Jahrhunderts beginnen dürften. Man findet sie vor allem im Westteil des Heidenfeldes, sogar auf Praunheimer Flur, jedoch auch nördlich und östlich der späteren Vicusmauer. Das Steinkastell im Ostteil des Heidenfeldes bringt man mit den Chattenkriegen des Kaisers Domitian in den achtziger Jahren in Verbindung. Es bildet ein abgerundetes Rechteck von 282 m Länge und 186 m Breite, Front nach Norden, und ist mit einer Fläche von gut 5 ha doppelt so groß wie das Saalburgkastell. Die Mauer war 2 m stark, Basalt mit Sandsteinverblendung; zu ihrer Verstärkung dienten 30 Pfeilertürme als Geschütz-

---

▶

Pferdegeschirrbronzen aus dem Heddernheimer Steinkastell, Konstantinstraße.

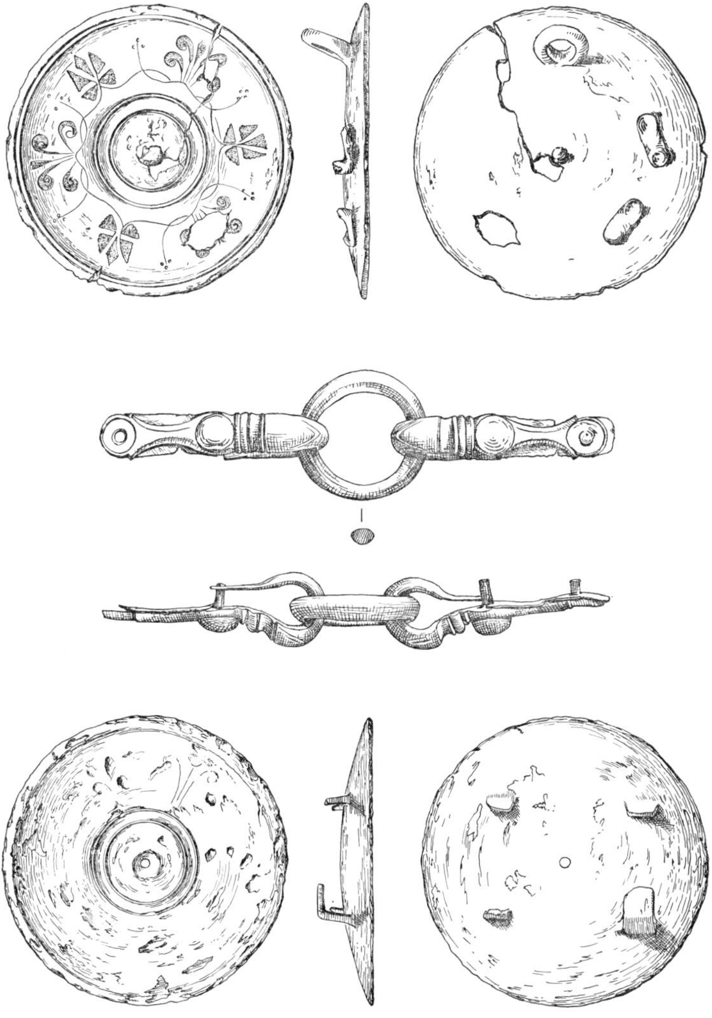

169

träger, und auch die vier Tore waren mit Türmen flankiert. Die neuen Grabungen ergaben, daß die in den Steintürmen schon früher beobachteten Holzpfosten zu älteren Holztürmen gehörten. Da sich aber unter der Mauer keine älteren Spuren fanden, bestand das dem Steinkastell vorausgehende Lager wahrscheinlich aus Rasenziegelmauern mit Holztürmen. Vor der Mauer liegen zwei Spitzgräben von je 7-8 m Breite, die ebenfalls je zwei Bauphasen verraten. In der Mitte des Lagers befand sich, um einen Hof gruppiert, das steinerne Stabsgebäude, wiederum mit einem hölzernen Vorläufer. Der übrige Raum war, wie die neuen Flächengrabungen gelehrt haben, dicht mit langen Fachwerkbaracken belegt, die ihrerseits mehrere Bauzustände und eine Brandphase zeigen. Die Baracken waren weiß getüncht, das Stabsgebäude bunt ausgemalt. Zwischen den Baracken und Gebäuden liefen Kieswege. Auch Wasserbecken und Werkstätten wurden aufgedeckt. Das ganze Lager war kanalisiert.

Südlich und westlich außerhalb des Kastells befanden sich zwei steinerne Bäder, weiter westlich am Niddahang außerdem ein Theater aus Holz. An den beiden vom Westtor nach Mainz führenden Straßen, der älteren nördlichen und der jüngeren südlichen, entwickelte sich das Lagerdorf, bestehend aus Fachwerkhäusern mit Vorlauben und holzverschalten Kellern. Es scheint auch steinerne Gebäude mit farbiger Ausmalung gegeben zu haben. Ferner sind Töpfereien und Bäckereien mit ihren charakteristischen Öfen zu nennen. Häufig finden sich die sogenannten Senklöcher oder Zisternen, viereckige tiefe Schächte, die im Gegensatz zu den Brunnen die Lößdecke nicht durchstoßen und mit geflochtenen Zweigen oder Brettern ausgekleidet waren. In den mittelalterlichen Städten dienten solche Anlagen als Latrinen. In den Schichten des Lagerdorfes wurden ebenfalls Brandhorizonte festgestellt. Im Westen und Norden schlossen sich weiter nach außen die Gräberfelder an, deren Grabsteine leider zumeist verschwunden sind.

Man vermutet, daß im Heddernheimer Steinkastell eine Reiterabteilung lag, die Ala I Flavia Gemina, von der Grabsteinfragmente und Inschriften gefunden sind. Es war eine Ala milliaria, die tausend Mann zählte und zum strategischen Rückgrat des Wetterauer Heeres gehörte. Ein gleichartiges Kastell wurde in Okarben gefunden. Ferner ist die 4. Vindeliker-Kohorte durch Inschriften bezeugt, und schließlich, zum Teil aus späterer Zeit, die 32. Voluntarier-Kohorte römischer Bürger.

In den Schichten des Steinkastells liegen nur süd- und mittelgallische Sigillaten, die im Verein mit den Münzen die militärische Periode in Heddernheim bis etwa 100/110 n. Chr. datieren. Die Einrichtung der bürgerlichen Selbstverwaltung dürfte also in die Regierung Trajans fallen. Danach ist das Kastell bald abgebrochen worden, während auf der Stelle des Stabsgebäudes ein neues massives Haus entstand. Die Aufsiedlung des Kastellgeländes geschah locker und erst in der zweiten Hälfte des 2. Jahrhunderts.

Nach dem Abzug der Garnison stieg das alte Lagerdorf zu selbständiger Bedeutung auf, begünstigt durch seine gute Lage im Straßennetz der Wetterau und am schiffbaren Niddafluß. Von ihm stammt auch der Name, der schon von A. Riese auf Grund auswärtiger Hinweise vermutet, aber erst 1961 auf einer am Ort gefundenen Inschrifttafel der Dendrophoren oder Baumträger gelesen werden konnte. Hier werden der Vicus Nida und die Vicani Nidenses direkt genannt, und man erfährt, daß sie das Recht hatten, Grundstücke zu vergeben. Die Römer nannten Vicus jede Ansiedlung von einigem Umfang, die kein selbständiges Stadtrecht besaß. So heißt Novus Vicus auch ein Teil von Nida an der Elisabethenstraße. Nida wurde Vorort der Civitas Taunensium und Markt für einen Kranz reicher Landgüter in seiner Umgebung. Eine Stadt im rechtlichen Sinne der Antike war Nida nicht, das war nicht einmal zu dieser Zeit der Vorort von Obergermanien, das goldene Mainz. Die bürgerliche Siedlung

---

▶

Plan des römischen Vicus von Heddernheim. Nach K. Woelcke 1938.

auf dem Heidenfeld hat eine zeitliche Tiefe von immerhin anderthalb Jahrhunderten, in der Veränderungen und Umbauten geschahen. Die alten Ausgrabungen geben gewöhnlich den letzten Zustand wieder, und wir können daher keine scharfen Bilder der einzelnen Perioden zeichnen. Im zweiten Jahrhundert war Nida zunächst unbefestigt, da der Limes zum Schutz der Wetterau ausreichte. Zentrum des Ortes wurde der dreieckige Raum zwischen den beiden vom Westtor des Kastells ausgehenden Straßen, der vielleicht erst im 3. Jahrhundert zu einem Platz gestaltet wurde. Hier entstanden die öffentlichen Gebäude für Verwaltung und Gericht, die Beneficiarierwache, ein Tempel und die Bäder. Besonders zu nennen sind das sogenannte Praetorium mit den Ostthermen im Gebiet des heutigen Friedhofes und der Komplex der Westthermen als Abschluß des dreieckigen Platzes. Hier reihten sich auch die Privathäuser von Handel und Gewerbe, zweistöckig in Fachwerk auf Steinfundamente gesetzt und mit Schiefer gedeckt, schmale Grundstücke mit Front zur Straße und langen Höfen nach hinten. Ihre archäologisch auffälligsten Teile sind die steinernen Keller

---

▶

Verbreitung von Jupiterdenkmälern im Heddernheimer Vicus. Mit alter Flureinteilung und heutigem Straßennetz. Kreuz = Altar; Kreis = Säule.

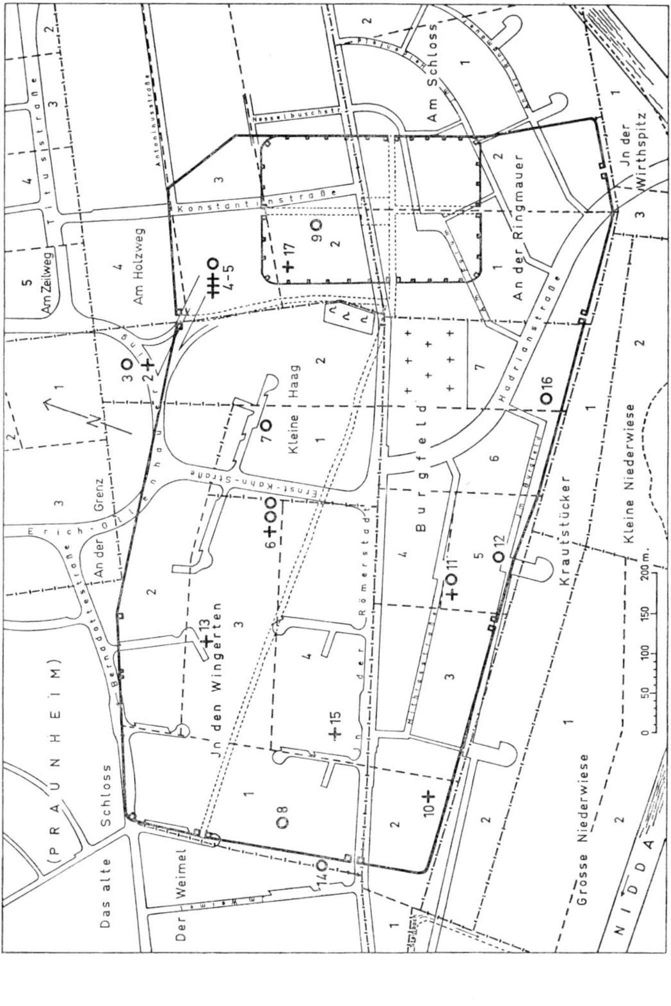
Das alte Schloss
(PRAUNHEIM)
Der Weimel
Jn den Wingerten
Kleine Haag
Burgfeld
Am Holzweg
Am Zeilweg
An der Grenz
Titusstraße
Konstantinstraße
Nesselbuschstr.
Am Schloss
An der Ringmauer
Jn der Wirthspitz
Hadrianstraße
Krautstücker
Kleine Niederwiese
Grosse Niederwiese
NIDDA
Ernst-Kahn-Straße
Erich-Ollenhauer-Ring
Bernadottestraße
In der Römerstadt
Mithrasstraße
Im Burgfeld
0 50 100 150 200 m.

mit rückwärtiger Treppe, Fensterluken und Wandnischen, aus Bruchsteinen gemauert und mit falscher Quaderung rot verfugt. Die Bebauung erstreckte sich an den Straßen im Westen wie auch im Norden über die spätere Linie der Ringmauer hinaus. Das Zwischengebiet wurde mit Nebenstraßen aufgeschlossen, an denen sich ebenfalls Häuser finden; doch ist die Besiedlung weit lockerer als im Zentrum. Andererseits gibt es hier besonders stattliche Anwesen mit Bodenheizung, wie etwa das sogenannte Peristylhaus südlich vom heutigen christlichen Friedhof oder ein großer Komplex im Nordwesten im Bereich einer Tiefgarage, wo ein Keller von 6,30 m Länge mit Ansatz des Rundbogens über dem Eingang freigelegt und ihm zuliebe die Tiefgarage verkürzt wurde. Diese einzeln liegenden Anwesen sind häufig vom Ausbruch der Fundamente verschont geblieben. Große Flächen blieben überhaupt unbebaut.

Die Ringmauer wurde wahrscheinlich zu Beginn des 3. Jahrhunderts errichtet, nachdem schon die Chatteneinfälle in den sechziger Jahren des 2. Jahrhunderts einige Zerstörungen angerichtet hatten. Sie folgt der Ostfront des früheren Steinkastells, was für Kontinuität der Grundstücksgrenzen spricht, und beschreibt im übrigen das bekannte Sechseck. Bis zum Bau der Nordweststadt war der nördliche Mauerzug streckenweise im Acker noch an einer leichten Bodenschwelle erkennbar, während inzwischen als einziger

Inschrift der Dendrophoren, Kultdiener der Göttin Kybele, mit dem Namen Nida. Aus Heddernheim. Kalkstein mit roten Farbspuren. Zu Seiten 172 und 264. Aufnahme F. Kochmann.

Eingang eines römischen Kellers in Heddernheim, Bernadottestraße, mit Ansatz des Bogens. Zu Seite 176.

sichtbarer Rest nur ein Stück Wallsubstanz vor dem Hause am Forum 29 übrig geblieben ist. Die Mauer war 2 m breit und fast ebenso tief fundiert und bestand aus Basaltbruch mit Sandsteinverblendung und rotem Fugstrich, dazu mächtigen Zinnendeckeln. Vorgelegt war ein 7 m breiter Spitzgraben, rückwärts angelehnt ein 6,50 m breiter Wall, der aus einem dahinter liegenden Materialgraben ausgehoben war. Dieser Materialgraben wurde früher als Wehrgraben mißdeutet. Die Ecken und Knicke der Mauer waren bastionsartig verstärkt. Vor dem Graben wurde an einer Stelle ein Annäherungshindernis beobachtet. Mindestens sieben turmbewehrte Tore sind bekannt, zwei im Westen an den beiden Ausfallstraßen, zwei im Norden, zwei im Süden, von denen das eine nahe der Südostecke zur Niddalände und Brücke führt, und eines im Osten. Mehrere Häuserviertel, vor allem im Westen, wurden vor den Toren abgerissen. Innerhalb der Mauer blieb viel freier Raum, sodaß die Festung der Landbevölkerung als Zuflucht dienen konnte. Zahlreiche gemauerte oder holzverschalte Brunnen sicherten die Wasserversorgung, doch ist auch mit einer Wasserleitung zu rechnen. Die Brunnen gehen 10 m tief durch den Löß in den wasserführenden Kies, sind aber heute fast trocken, ein Zeichen für die Absenkung des Grundwasserspiegels.

Aus dem dritten Jahrhundert stammen zumeist die erhaltenen Religionsaltertümer. Fünf Mithrastempel sind nachzuweisen, deren unterirdische Einrichtung ihre Erhaltung begünstigte. Die oben erwähnten Dendrophoren sind Kultdiener der Göttin Kybele. Ferner kennen wir Kultgerät des Jupiter Dolichenus. In diesen orientalischen Religionen sammelten sich auch die römischen Götter zu neuem Verein. Von den Jupitersäulen, die man in die Brunnen gestürzt findet, gibt es in Heddernheim hervorragende Beispiele. An ihrem Sockel stehen die alten römischen Götter, während auf ihrer Spitze ein barbarischer Jupiter über einen Giganten hinweg reitet oder mit Juno vereint thront. Aus den Inschriften erfahren wir etwas über das Patriziat von Nida, die Dekurionen, über Duumvirn und Ädilen und das taunensische Bürgerrecht. Es gab sicherlich noch viele Heiligtümer. Das Kultbild einer bislang unbekannten Göttin, der Dea Candida, das ein Hauptmann der 2. Räter-Kohorte von der Saalburg weihte, fand sich 1965 in einem Brunnen an der Bernadottestraße zusammen mit der Jupiterweihung eines Veteranen der 1. Damascener-Kohorte von Friedberg. Selbst die Straßen hatten ihre Genien und diesen geweihte Denkmäler. Groß ist die Zahl der Votivstatuetten in Bronze oder Terrakotta.

▶

Jupitersäulen aus Heddernheim. Links und rechts aus dem Brunnenfund von 1884, Höhen 5,50 m und 2,50 m. Mitte aus dem Fund von 1927, Höhe 4 m. Sandstein.

MAXIMVS

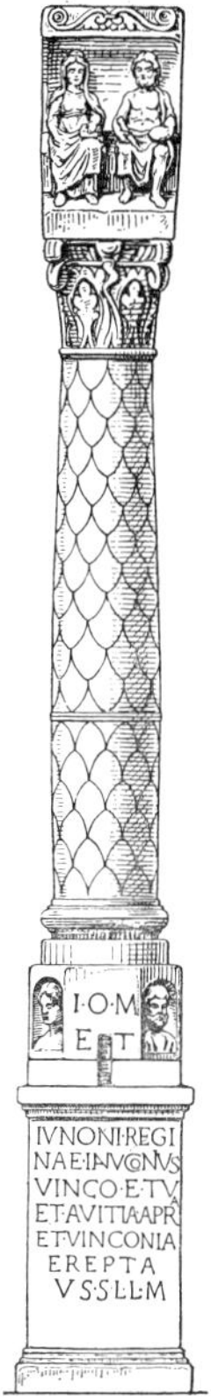
I·O·M
E T
IVNONI·REGI
NAE·IAVCONVS
VINCO·E·TVA
ET·AVITIA·APR
ET·VINCONIA
EREPTA
VS·S·L·L·M

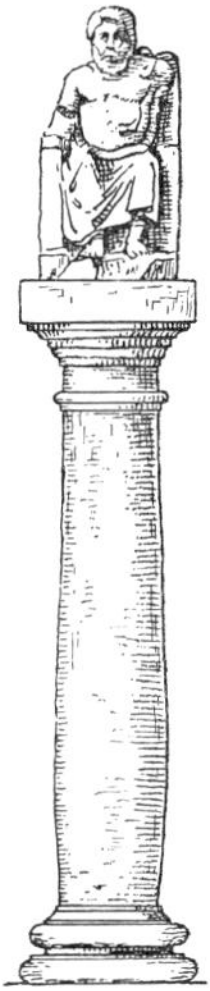

Eine öffentliche Weihung des Vicus Nida an die einheimische Göttin Virodactis wurde auswärts verschleppt am Kirchturm von Trebur gefunden.

Vor den Toren lagen die Gräberfelder. Die Brandgräber des 1. und 2. Jahrhunderts enthalten einfache Tonurnen, denen Näpfe, Teller, Krüge, Lampen oder Terrakotten beigegeben waren, seltener Bronzen, Eisennägel und Münzen, aber keine Waffen. Vermögende Leute konnten sich eine Glasurne leisten, die in einer Steinkiste aufbewahrt wurde. Im 3. Jahrhundert werden dann Körpergräber und gelegentlich einfache Sarkophage üblich. Zu dem Grab gehörte ein Grabstein mit Inschrift oder Relief, dazu gab es turmartige Grabdenkmäler mit reicherer Ausstattung, alles, wie auch die sonstige Plastik, ursprünglich in befremdender Buntheit bemalt. Zwei große Gräberfelder, die zu guter Zeit untersucht werden konnten, liegen im Westen auf Praunheimer Flur an den entsprechenden Straßen, ferner drei im Norden an den Straßen zum Feldbergkastell, zur Saalburg und nach Okarben. Die nördlichen Gräberfelder sind beim neueren Straßenbau und durch wilde Grabungen zum größten Teil zerstört worden. Hier wurde bei den Brandgräbern eine Belegungsdichte von einem Grab je Quadratmeter festgestellt. Die Gesamtzahl der römischen Gräber von Heddernheim dürfte weit über zehntausend gegangen sein. Das Fundmaterial ist relativ einförmig. Man darf

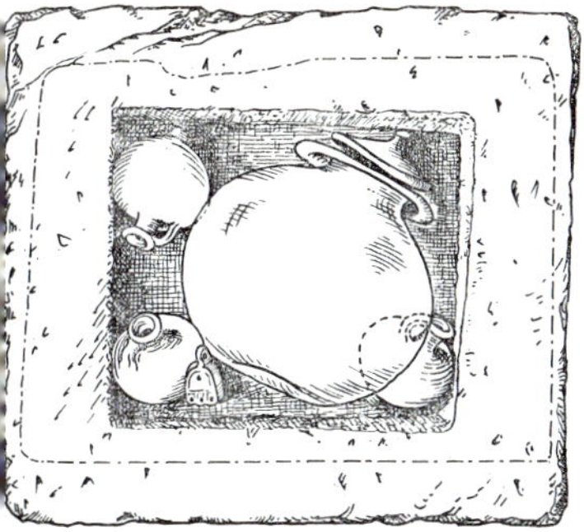

1

2

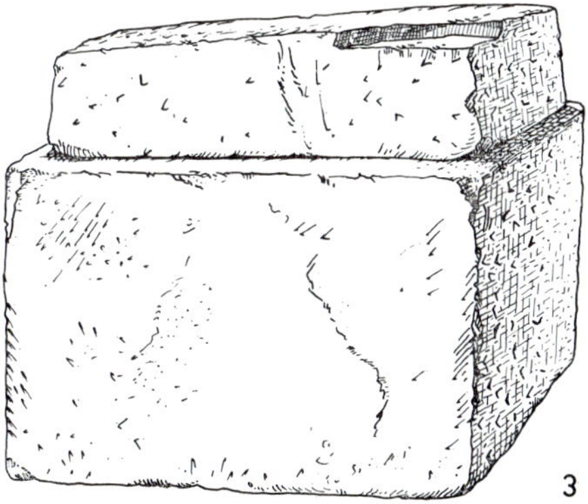

3

Steinkistengrab mit Glasurne, Tonkrügen und Tonlampe aus Heddernheim, Trajanstraße.

sich die Gräberfelder wohl umfriedet, wie an der Tiberiusstraße festgestellt, und bepflanzt vorstellen.

Durch die Gräberfelder lief vom Nordtor schnurgradeaus die Saalburg-Straße, von der beim Bau der Nordweststadt das Stück bis Niederursel noch als Kiesband zu verfolgen war. Das Grenzkastell Saalburg, 3 ha groß und Garnison der 2. Räterkohorte, bewachte den Paß zum Usinger Becken und stand in enger Verbindung mit Heddernheim. Links vom Nordtor bog die Straße zum Feldbergkastell ab, die, von Villen begleitet, über die Hochfläche zwischen Weißkirchen und Steinbach, dann östlich vom Hünerberg und westlich vom Dalbesberg empor über den Sattel am Fuchstanz und zwischen den beiden Feldbergen führte, hier oben noch als „Pflasterweg" erhalten. Das Kastell Feldberg, malerisch an dessen Nordhang vor der Weilquelle gelegen, ist 0,7 ha groß und beherbergte unter anderem eine einheimische Späherabteilung von Halicanensern, deren Namen an den älteren des Altkönigs anklingt. Ein Numerus von Nidensern scheint dagegen die Besatzung des Grenzkastells Kapersburg nordöstlich der Saalburg gebildet zu haben. Rechts vom Nordtor des Vicus bog die Hauptstraße der Wetterau, die „Steinstraße", über Bonames und Okarben nach Friedberg ab. In

---

▶

Architekturtrümmer aus einem Brunnen im Heddernheimer Vicus, Konstantinstraße. Sandstein.

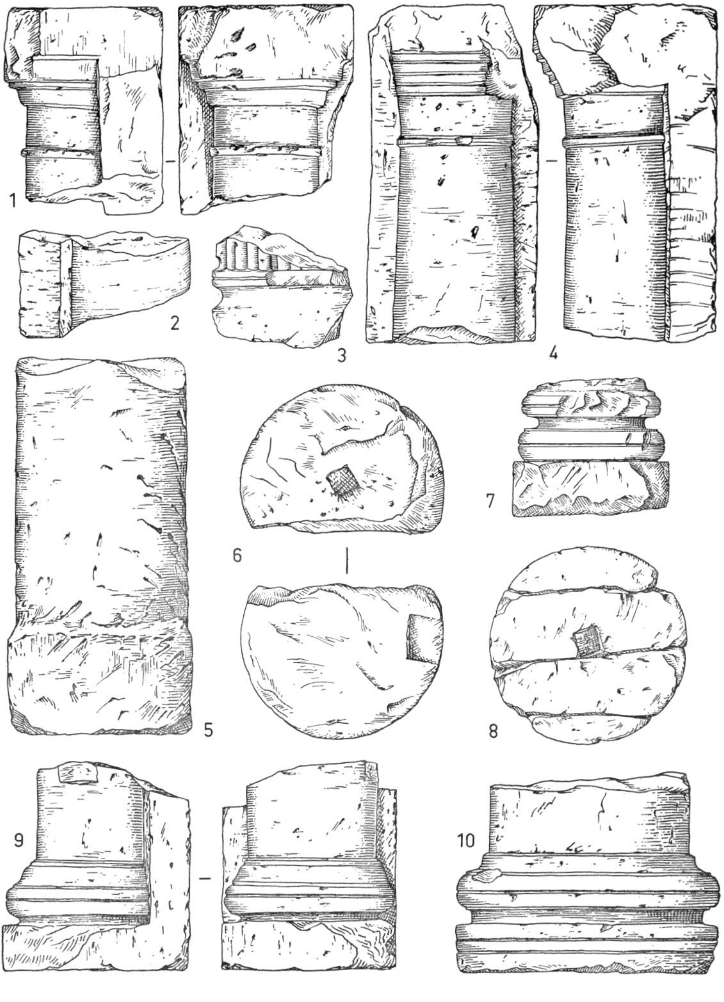
1
2
3
4
5
6
7
8
9
10

Friedberg wurde ein Meilenstein gefunden, der die Entfernung von Nida anzeigt. Auch an der westlichen Mainzer Straße haben sich in Kastel zwei Inschriften gefunden, die den Weg nach Nida weisen.

Nida war also ein Ort für Handel, Gewerbe und Verwaltung. Außer den Läden der Krämer und Handwerker gab es ein blühendes Töpfergewerbe für die meisten Gattungen außer der Sigillata, die gleich den Gläsern importiert wurde, dazu Werkstätten für Metall- und Beinverarbeitung, sogar zur Verhüttung von Silbererz und Bleiglanz aus dem Taunus, und wohl auch Steinmetzbetriebe, die den lokalen Bockenheimer Basalt und Vilbeler Sandstein verarbeiteten. Ferner war Nida wahrscheinlich ein Umschlagplatz für Getreide, Wein, Früchte, Ziegel, Holz und für Produkte aus dem freien Germanien. Aus späterer Zeit wissen wir, daß auch Sklaven über die Grenze gehandelt wurden.

Schon im frühen 3. Jahrhundert haben die Alamannen der Mauer zum Trotz einige Zerstörungen angerichtet, jedenfalls ist im Jahre 240 eine beschädigte Jupitersäule restauriert worden. Das Ende kam 259/60, wie eine bei der Dendrophoreninschrift gefundene Münze des Kaisers Gallienus vom Prägejahre 258 n. Chr. beweist. Über die Umstände, unter denen die Stadt aufgegeben wurde, gibt es widersprüchliche Beobachtungen. Die Stadt Nida wird nicht in dem Bericht des Ammian über die Feldzüge des späten 4. Jahrhunderts, die unser Gebiet berührten, erwähnt. Die Stätte blieb wüst liegen für ein Jahrtausend; es gibt innerhalb der Mauern keine keramischen Funde für die Zeit vom 4. bis 13. Jahrhundert. Das Heddernheimer Reihengräberfeld der merowingischen Zeit liegt nahe am Westrande des heutigen Ortskernes. Hochmittelalterliche Scherben findet man nur außerhalb der Ringmauer. Wahrscheinlich wurde das Burgfeld im späten Mittelalter neu gerodet. Die Götterbilder sind bereits in der Antike mutwillig beschädigt und in die Brunnen gestürzt worden, ob von Heiden oder Christen, wissen wir nicht. Der Ausbruch der Ringmauer muß bald begonnen haben, denn die verstürzten Steinmassen und Zinnendeckel gerieten in den Graben zu einer Zeit, als dieser noch offen war. Erst im 20. Jahrhundert wurde die Stätte wieder besiedelt, nachdem sie eine Weile das fruchtbarste Gartenland der ganzen Umgebung dargestellt hatte. Einen Meter ist die römische Kulturschicht im Zentrum des Vicus mächtig und vollgepackt mit Scherben und sonstigen Altertümern, die nun von den Baggern in alle Winde versendet oder auf andere Weise bis über das Meer verstreut worden sind.

Die Bornheimer Villa

Der schönste Grundriß eines römischen Gutshofes in unserer Gegend wurde etwa 800 m westlich von Alt-Bornheim in den Jahren 1884-1905 von Ch. L. Thomas ausgegraben. Die Fundstelle liegt am unteren Südwesthang des wasserreichen Bornheimer Berges, etwa 100 m westlich des Günthersburgparks, an der Einmündung der Böttgerstraße in die Hartmann-Ibachstraße, früher Wiesenstraße, in 130 m Meereshöhe. Die Günthersburg war ein Wasserhof, der um 1500 den Namen „Bornburg“ trug. Im 18. Jahrhundert gelangte er in den Besitz des Gastwirtes J. J. Günther und im 19. Jahrhundert schließlich in den des Freiherrn K. M. von Rothschild, dessen Erben das Gut 1891 der Stadt verkauften. Diese ließ das Schloß abbrechen und den Hof in einen Park umwandeln.

Die Bornburg hat sicher von den Ruinen der nahen römischen Villa profitiert, deren Nachfolger sie darstellt. Die römischen Ruinen lagen früher in einem Wald, dessen Namen „Eichwald“ auf feuchten Untergrund deutet, und dürften dadurch bewahrt und oberflächlich noch erkennbar gewesen sein. Der Eichwald wurde 1779 gerodet, und das ganze Feld zeigt sich voll römischer Trümmer. Die Fundstelle sei

---

▶

Plan der Bornheimer Villa. Nach Ch. L. Thomas.

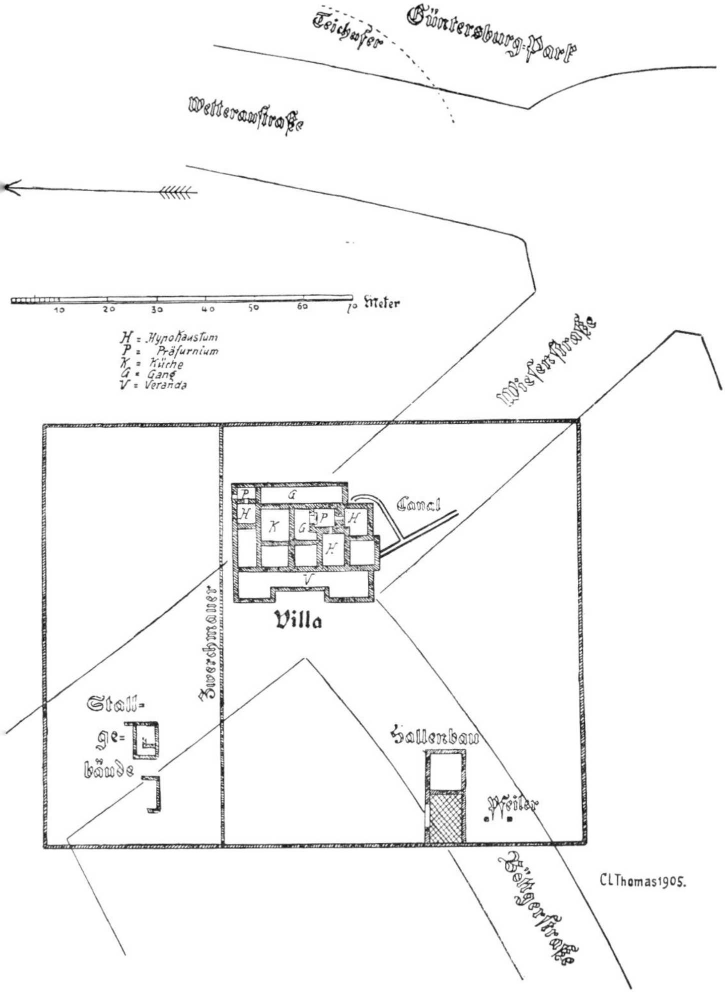
Güntersburg-Park
Teichufer
Wetteraustraße
10 20 30 40 50 60 70 Meter
H = Hypokaustum
P = Präfurnium
K = Küche
G = Gang
V = Veranda
Wiesenstraße
Canal
Villa
Zwerchmauer
Stall-ge-bäude
Hallenbau
Pfeiler
Böttgerstraße
CLThomas1905.

überdies von einem eine Rute breiten Graben umgeben gewesen, doch deutet dieser Umstand eher auf eine Wiederbenutzung im Frühmittelalter. Auch nordöstlich des Günthersburgparks fanden sich römische Reste und Gebäude am Weidenborn bei dessen Fassung 1809, wie 1827 beim Bau der Bornheimer Wasserleitung. Römische Fundamente seien auch auf der Bornburg sowie 1836 bei Grenzabsteinungen im Eichwald herausgekommen. Diese Nachrichten überliefert Römer-Büchner in seinen Beiträgen zur Geschichte der Stadt Frankfurt (1853), wobei er die Theorie vertritt, das Bornheimer Römerfeld sei das viel gesuchte „Munimentum Trajani“ gewesen, das Kaiser Julian 357, nach dem Bericht des Ammian, im Alamannenland wiederherstellen ließ. Später vermutete F. Scharff an dieser Stelle ein untergeordnetes befestigtes Lager, was A. Hammeran mit Recht bezweifelt hat. Thomas verband sogar den Namen der Bornburg mit der römischen Ruinenstätte.

Die Ausgrabungen von 1902, die durch Kanalarbeiten bedingt waren, ergaben das Hauptgebäude der Villa, nordsüdlich mit Front nach Westen gerichtet. Von hier bot sich eine weite Aussicht über den Frankfurter Talgrund und die fernen Gebirgshöhen. Die zum Teil ausgebrochenen Fundamente waren 0,80 m stark und nur an der Westseite schwächer, wo sie eine Säulenhalle mit seitlich vorspringenden Risaliten zu tragen hatten. Die Portikusvilla mit Eckrisaliten ist für das römische Germanien typisch, doch sind die Risalite gewöhnlich als besondere überhöhende Teile ausgeführt. Der ganze Bau bildete wohl einen Block unter einem Dach. Auch an der Rückseite läuft eine offene Halle entlang. Die Räume im Innern waren also von beiden Seiten belichtet und zugleich geschützt. Ihre Zahl beträgt neun, dazu zwei Heizkammern, von denen aus ein Raum im Nordosten und zwei als Bad dienende im Süden mit Hypokausten beheizt wurden. Bodenheizung und Bad sind charakteristisch für die reicheren Villen unserer Gegend, zu denen die Bornheimer Villa ohne Zweifel gehört. Mit Letten und glattem Putz hat man die Grundmauern gegen das nahe Grundwasser isoliert. Vor der Südostecke liefen zwei Abflußkanäle. Das Gebäude mißt im Grundriß 30 : 24 m und ist im Kern wohl zweistöckig vorzustellen. Das Bruchsteinwerk bestand aus Kalk, Basalt und etwas Sandstein und war in unbekanntem Umfang mit Sandsteinquadern verblendet. Ziegel wurden nur beim Dach und bei den Heizungsanlagen verwendet. Die Böden bestanden aus Estrich auf Stickung, die Zimmer waren farbig, rot, schwarz, grün, weiß und gelb, getüncht. Auch Solnhofer Platten kommen vor. Im Schutt fanden sich ein Basaltbecken mit Abfluß, ein eiserner Deuchelring für Holzröhren, ein Wetzstein, ein bronzener Riemenbeschlag, an Eisen später noch Nägel, eine Lanze und eine Hackenspitze, sowie zwei

Bronzemünzen des Domitian und Hadrian. Unter Hadrian oder Antoninus Pius kann die Villa auch erbaut sein; eine moderne Grabung würde wahrscheinlich bessere Anhaltspunkte für die Datierung liefern. Im übrigen muß man sich den Komfort ergänzen. Die Wärme der Bodenheizung wurde mit Kacheln durch die Wände geleitet. Auf den Estrichen kann hölzerne Dielung gelegen haben. Die Möblierung kam hinzu. Der größte Raum im Nordostteil, 5,5 : 6 m groß, diente vielleicht als Küche. Ein Keller war nicht vorhanden, was sich aus den Bodenverhältnissen erklärt.

Um das Hauptgebäude legte sich gleichgerichtet ein ummauerter rechteckiger Hof von 110 : 85 m Größe, von dem im Norden ein 36 m breiter Streifen durch eine Quermauer abgeteilt war. Hier befanden sich wohl die Stallungen, deren Reste in der Nordwestecke Thomas schon 1884 freilegte. In der Südwestecke lehnte sich ein ziegelgedeckter Hallenbau von 18,50 : 8,50 m Größe mit der Stirn an die westliche Hofmauer. Er wurde durch eine Quermauer geteilt, hatte eine Tür auf der Nordseite zum Hofeingang hin und war mit Scherben von Vorratsgefäßen, Dolien, Krügen und Reibschalen gefüllt. Südlich schlossen sich einige Stützpfeiler entlang der Hofmauer an, die wohl eine leichte Überdachung trugen.

Östlich nach der Günthersburg zu lag außerhalb der römischen Villa ein kleiner Teich, der sich im Gelände als Senke erhalten hatte und auf der Flurkarte das „Loch" hieß. Er konnte als Viehtränke dienen.

Der Gutshof am Günthersburgpark ist nur zum Teil erforscht. Wir haben mit weiteren Wirtschaftsgebäuden zu rechnen, mit befestigten Wegen und Hofflächen, auch mit dem Heiligtum jeder besseren Villa, der Jupitersäule, zumindest für die Spätzeit. Die benachbarte Straße ist nicht bekannt, vielleicht verlief sie in der Richtung der heutigen Friedberger Landstraße. In der Wirtschaft der Villa mag neben dem Getreidebau die Viehzucht eine wichtige Rolle gespielt haben, für die der feuchte Grund der Bornheimer Heide auch später gute Voraussetzungen bot.

Der römische Gutsherr hatte es nicht weit zu seinen Nachbarn. Auf gleicher Höhenlinie liegt nordwestlich in 1 km Entfernung die Trümmerstätte einer ebenfalls farbig ausgemalten Villa an der Südwestecke des heutigen Hauptfriedhofs, bei dessen Portalbau die Fundamente 1826 zutage kamen. Von hier stammt der große Dreihenkelkrug in der Ausstellung des Holzhausenschlößchens. Ähnliche Mauern wurden 300 m östlich in Richtung auf die Günthersburg am Israelitischen Friedhof aufgedeckt. Westlich verläuft die Trasse der vermuteten Römerstraße vom Domhügel nach Eckenheim. Weiter nach Südwesten erschienen in 1 km Entfernung an der Kreuzung der Eschersheimer Landstraße mit der Fürstenberger Straße beim Gasleitungsbau von 1966 die Reste der nächsten Villa. Die Fundstelle liegt dicht westlich der Holzhausenoede, die Situation ist also ganz ähnlich wie bei der Günthersburg. Die Villa am Holzhausenpark erbrachte Funde aus der zweiten Hälfte des 2. und aus dem 3. Jahrhundert. Etwa 300 m weiter südlich fanden sich entsprechend schon 1889 mehrere Steinkisten mit Brandbestattungen und ein Sarkophag, die wohl die zugehörige Begräbnisstätte darstellen. Die drei beschriebenen Villen liegen in einem Dreieck. Von der Holzhausenvilla ist es dann 1,7 km weit zu der Villa auf dem Domhügel. Beide Villen liegen an der römischen Straße von der Mainfurt nach Heddernheim, die 1965 beim Bau der Stadtbahn in der Eschersheimer Landstraße erneut festgestellt wurde. Kehren wir zurück zur Günthersburg, so treffen wir knapp 1 km von ihr nach Norden die Spuren einer benachbarten Villa auf der Höhe des Ostfriedhofes, früher Bornheimer Friedhof, wo Anfang des 19. Jahrhunderts römische Mauerreste und 1859 ein Urnengrab herauskamen. Gehen wir von der Günthersburg 2 km weiter nach Südosten den Hang ins Maintal hinunter, so stoßen wir an der Ostseite des Riederwaldes auf eine römische Fundstätte mit Brandgräbern und Schutt, die 1869 beobachtet wurde. Mit diesen Hinweisen sei die Umgebung der Günthersburgvilla kurz skizziert.

Insgesamt sind im Frankfurter Stadtgebiet und in Bergen-Enkheim an drei Dutzend römische Landgüter bekannt, wobei sicher Fundlücken bestehen. Sie kommen auch am südlichen Mainufer vor, meiden aber den Wald. Man kann im besiedelten Land auf jeden Quadratkilometer mit einer Villa rechnen, woraus sich die Betriebsgröße ergibt. Die Landeinteilung ähnelt einer Wabe, in der Häufungen von Villen um Heddernheim, Bonames und Bergen auffallen. Gewöhnlich laufen Landstraßen in der Nähe der Villen vorbei. Die ganze südliche Wetterau vom Vortaunusrand bis an den östlichen Limeszug ist dicht mit Landgütern besetzt, während die nördliche Wetterau leerer erscheint. Die reichen Villen häufen sich im Süden, doch kommen eigentliche Luxusvillen, etwa des moselländischen Stiles, bei uns nicht vor. Die Gutsherren stellten gewiß eine soziale Oberschicht dar, denn die Villen übertreffen mit ihrem Komfort die Stadthäuser des Vicus Nida. Viele Besitzer waren wohl Veteranen, aber mit solchen allein wird man die blühende Landwirtschaft der Wetterau nicht bewirkt haben. Die Mehrzahl der Villenfunde im Frankfurter Stadtgebiet ist wenig aufschlußreich, aber in einigen Fällen ergeben sich interessante Hinweise, die das in Bornheim gewonnene Bild ergänzen.

Einen ähnlichen Grundriß wie die Bornheimer Villa hat das 1915 von H. Bingemer in der Flur „Auf dem Keller“ in Bergen, 400 m nordöstlich der Berger Warte, untersuchte Gutsgebäude. Auch hier hat die Vorhalle an den Ecken vorspringende Risalite. Es

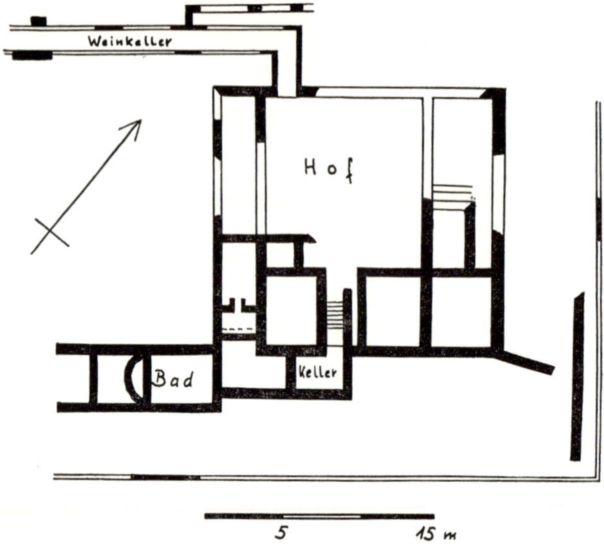

Plan der Praunheimer Villa. Nach G. Wolff und G. Schell.

wurden eine umgebende Hofmauer und weitere Wirtschaftsgebäude gefunden. — Eine reiche Villa wurde 1899-1905 von G. Wolff in Praunheim am Westhang des Steinbachtales, 350 m von der Nidaer Mauer entfernt, ausgegraben. Der Grundriß weicht vom Schema ab; ein Badetrakt war angebaut und außerdem schloß sich noch ein 25 m langer schmaler Kellerstollen an, der, ähnlich wie anderorts, als Weinkeller gedeutet wird. Weinbau war weit verbreitet, der

Nordwestteil von Nida trägt den Flurnamen „In den Wingerten“. — Auch am alten Römerhof im Stadtteil Rebstock wird eine römische Villa vermutet, zu der ein 1810 gefundener Sarkophag gehören dürfte. Fast immer findet man in Fluren, deren Namen auf Weinbau deutet, auch Spuren römischer Villen. — Eine andere wirtschaftliche Aktivität zeigt die Enkheimer Villa am Nordrand des Berger Waldes. Es fand sich 1968 in ihrer Nähe ein Töpferofen, der zu hadrianischer Zeit schlechte gelbtonige Krüge erzeugte. In der Villa wurde ein Estrichbrocken mit einfachem Mosaik geborgen. — Viermal hat man im Stadtgebiet Fragmente von Jupitersäulen bei Villen entdeckt: im Ostteil der Höchster Farbwerke, südlich von Niederursel, am Lohrberg bei Seckbach und vielleicht in Unterliederbach.

Die Villen liegen immer an bevorzugten Stellen der Landschaft. Schöne Aussicht war ebenso gefragt wie Wassernähe und Zusammentreffen von Acker- und Wiesenland.

Abschließend sei ein Blick auf die bürgerlichen Niederlassungen geworfen, die im Frankfurter Raum außerhalb des Vicus Nida und der Landgüter auftreten. Da ist zunächst das Heilbad am heutigen Bahnhof von Vilbel zu nennen, in dem 1849 mehrere Mosaiken, darunter das prächtige Figurenmosaik des Landesmuseums Darmstadt, zum Vorschein kamen. Auch bei den Homburger Quellen und am Selzerbrunnen von Okarben lagen römische Gebäude. Einen eigenen Vicus mit Gräberfeld hatten die Ziegeleien von Nied bei der Niddamündung. An den Straßen sind noch die Rasthäuser, die Mansiones, zu beachten. Eine Mansio steckt, wie erwähnt, im Namen von Bonames, ist aber selber nicht gefunden. Eine andere stellt wahrscheinlich das „Heidenschloß" im Nieder Wald vor, das Wolff 1892 untersuchte.

Das Bild der Wetterauer Kulturlandschaft in römischer Zeit wird man sich nicht allzu verschieden von dem Bilde vorzustellen haben, das bis zu Beginn unseres Jahrhunderts bestand, nur daß zufolge der Einzelhofsiedlung die Wohnstätten gleichmäßiger verteilt waren. Die Bewaldung war nur unwesentlich stärker und im einzelnen auch anders, das Straßennetz aber starrer. Es war ein reiches Erbe, das die zuende des 3. Jahrhunderts einrückenden Alamannen übernahmen und das nicht ohne Einfluß auf die Ausbildung ihrer Kultur geblieben ist.

Spuren der Völkerwanderung

Die bewegte Periode zwischen Altertum und Mittelalter, die ihre Wurzeln lange zurück und ihre Verzweigungen weit voraus sendet, die Zeit der Völkerwanderung, kann im Frankfurter Raum vom Falle des Limes 259/60 bis zur Niederlage der Hunnen in der Mitte des 5. Jahrhunderts gerechnet werden. Die Historie beleuchtet unser Gebiet zunächst kaum, in der ersten Hälfte des 4. Jahrhunderts überhaupt nicht, dann, mit den Berichten des Ammian im dritten Viertel dieses Jahrhunderts, eine Strecke blendend hell, worauf wieder Dunkelheit folgt. Auch die Archäologie zeigt sich spröde, ihre Überlieferung ist ungleichmäßig und die Datierung oft schwierig. Kann man in römischer Zeit die Scherben oft auf das Jahrzehnt bestimmen, so jetzt vielleicht auf das Jahrhundert.

Es ist ein Kapitel der Alamannen, das wir hier schreiben. Zweihundert Jahre lang überschritten ihre Scharen immer wieder die römischen Grenzen bis tief nach Gallien oder Italien hinein. Erfolg und Mißerfolg standen im Gleichgewicht mit der wechselnden Stärke der römischen Macht. Das eigentliche Zentrum des Stammes lag weiter südlich an Neckar und Oberrhein, wohin sich die römischen Gegenzüge gewöhnlich richteten. Die Nordalamannen am unteren Main und in der Wetterau spielen eine besondere Rolle, denn die Nachbarschaft der ihnen nicht wohl gesonnenen Franken und Chatten veranlaßte sie, unter Umständen die Freundschaft der Römer zu suchen. Umgekehrt fand römische Kultur bei ihnen in höherem Maße Eingang, als weiter südlich bei ihren Stammesbrüdern. Von den jenseits des Limes sitzenden ostgermanischen Burgunden schied die Alamannen eine ausgeprägte Feindschaft, die auf den Kampf beider Völker um das Limesland zurückgeht. Dagegen ist anzunehmen, daß zwischen den westdeutschen Alamannen und ihren Stammverwandten in Thüringen und Böhmen gute Beziehungen bestanden.

Bis zum Ende des 3. Jahrhunderts scheint es zu einer eigentlichen Besiedelung des östlichen Oberrheingebietes durch die Alamannen kaum gekommen zu sein, da die historischen und archäologischen Quellen gleichermaßen schweigen. Möglicherweise blieben Reste der römischen Bevölkerung zurück, etwa in Wiesbaden oder im Umland von Heddernheim. In Frankfurt hat sich mit Bonames ein lateinischer Ortsname erhalten. Andere ältere Namen sind Kriftel und Ursel, auch die der Flüsse Main und Nidda. Es wird berichtet, daß römische Provinzialen als Kriegsgefangene in der alamannischen Landwirtschaft tätig waren, ein Punkt, in dem sich die Römer besonders empfindlich zeigten, während sie umgekehrt Alamannen gerne in ihr Heer einstellten. An sich genügen einige Dekaden ohne Feldbau, um den Urwald wieder in seine Rechte einzusetzen, und das lag in niemandes Interesse. Jedenfalls ist eine dichtere Besiedlung unseres Gebietes erst in der Mitte des 4. Jahrhunderts erkennbar. Die Römer waren andererseits bemüht, einen Brückenkopf um Wiesbaden und Kastel in irgend einer Form zu behaupten.

Dagegen zeigt sich schon zu Beginn des 4. Jahrhunderts in Thüringen, der alamannischen Heimat, eine glänzende archäologische Gruppe um die Fürstengräber von Leuna und Haßleben. Diese Gräber führen reichen römischen Import, dessen Ursachen man verschieden deuten kann, aber keine Waffenbeigaben, dies im Gegensatz zu den späteren Gräbern der westdeutschen Alamannen. Zwischen beiden Kulturbereichen bestehen enge Beziehungen.

Die historischen Nachrichten über das Rhein-Main-Gebiet, für dessen östliche Hälfte die ersten genaueren Nachrichten überhaupt, setzen nach der Mitte des 4. Jahrhunderts ein. Ammian berichtet, daß gegenüber von Mainz ein alamannischer Gau der Bukinobanten bestand, der Wiesbaden und vielleicht auch Frankfurt einschloß. Ein anderer Gau scheint südlich des Maines in Starkenburg gelegen zu haben. Die Alamannen hatten gerade die inneren Kämpfe in Gallien benutzt, um sich der Stadt Mainz zu bemächtigen. Dies gelang, weil im Jahre 351 ein alamannischer Heerkönig namens Chnodomar mit Billigung des Kaisers Constantius II. gegen zwei fränkische Usurpatoren in Gallien eingefallen war, wobei alamannische Siedler in breiter Front den Rhein überschritten. Die römischen Gegenmaßnahmen gipfelten 357 in dem Siege Julians, des späteren Kaisers, über das Heer des Chnodomar bei Straßburg. Dieser Erfolg der römischen Waffen war auch eine Frucht der Konstantinischen Heeresreform, welche die Grenztruppen verkleinerte und eine schlagkräftige Feldarmee schuf. Julian ging danach auf Mainz los, überschritt den Rhein und drang in den Gau eines Fürsten Suomar ein, der an der Schlacht im Elsaß teilgenommen hatte. Ammian schildert hier ein reich bebautes Fruchtland mit Vieh und Gehöften, die nach römischer Weise mit vermehrter Sorgfalt gebaut gewesen seien und wo es Gefangene als Knechte gab. Die Soldaten brannten alles nieder. Nach einem Marsch von zehn Meilen gelangte man vor einen finsteren Wald mit gesperrten Wegen. Die Schilderung könnte auf das nördliche Starkenburg passen. Wo aber das anschließend reparierte Kastell lag, das schon Trajan unter seinem Namen im Barbarenland hätte anlegen lassen, bleibt unbekannt. In den folgenden beiden Jahren ging Julian wieder über den Rhein, wobei Fürst Suomar sich loyal verhielt, obgleich ein Alamannenheer gegenüber Mainz erschien, um die Römer am Übergang zu hindern. Die Nordalamannen lieferten fortan Lebensmittel und Bauholz über den Rhein.

Julians Nachfolger, der Kaiser Valentinian, brach die Verträge, sodaß die Alamannen erneut zum Angriff übergingen. Im Jahre 368 überfiel ein Fürst Rando die Stadt Mainz, wahrscheinlich zu Ostern, und führte viele Leute ungehindert hinweg. Es ist nicht bekannt, ob damals die spätrömische Stadtmauer schon bestand; spätestens jetzt war Anlaß, sie zu bauen, was unter Verwendung älterer Architekturtrümmer geschehen ist. Valentinian führte den Gegenschlag durch Starkenburg auf der gewöhnlichen Route gegen den unteren Neckar und begann dann mit Befestigungen beiderseits der ganzen Rheingrenze und auch im Hinterland; es enstanden die Straßenkastelle von Bingen, Kreuznach und Alzey. Ein Versuch, die Burgunden gegen die Alamannen auszuspielen, mißlang freilich, da der Kaiser über das am Rheinufer erschienene Burgundenheer selber erschrak. Im Jahre 371 versuchte Valentinian vergeblich, den Bukinobantenfürsten Makrian in Wiesbaden auszuheben, verheerte aber dessen Land auf 50 Meilen, wohl bis in die Frankfurter Gegend. Drei Jahre später wurde ein Bündnis zwischen Valentinian und Makrian geschlossen, wobei der Alamanne am rechten Rheinufer, der Kaiser ihm gegenüber auf einem Schiffe stand. Makrian hat das Bündnis treu gehalten, bis er 380 im Kampf gegen die Franken fiel. Davor hatte Valentinian einen neuen Fürsten namens Fraomar bei den Bukinobanten eingesetzt, der sich aber gegenüber Makrian nicht behaupten konnte und als Führer einer alamannischen Einheit in das römische Heer eintrat. Diese Berichte beleuchten vortrefflich die verworrene politische Situation der Zeit.

Das archäologische Gegenbild ist relativ schwach, was die alamannische Seite angeht, aber doch vorhanden. Siedlungsfunde des 4. Jahrhunderts sind in unserm Raume bisher selten. Wieder ist der Glauberg zu erwähnen, dessen Befestigung sich auch in dieser Zeit bewährt; man kann in ihm mit J. Werner eine alamannische Gaufürstenburg sehen. Von dort sind Bronzen, Münzen und keramische Funde bekannt, auch Rädchensigillata. Dieses aus den Argonnen stammende Geschirr löst im 4. Jahrhundert die figurale Terra Sigillata ab und greift mit seiner schachbrettartigen Dekoration auf ältere Moden zurück, ebenso wie die nun wieder aufkommende Terra Nigra. An dem Ringwall Alteburg bei Kassel im Kreise Gelnhausen wurde ein Nigranapf des 4. Jahrhunderts gefunden, ferner eine Axt dieser Zeit auf dem Burgberg von Königstein. Flachsiedlungen sind von Stockstadt und Großostheim im Kreise Aschaffenburg bekannt. Einen dritten Siedlungstyp bilden die wiederbenutzten römischen Villen, wofür, wie erwähnt, der Praunheimer Ebel ein Beispiel bietet. Auch in der Frankfurter Altstadt ist die Villa auf dem Hühnermarkt mit schlechten spätrömischen Einbauten versehen worden, wozu auf dem Domhügel die Schicht 5a des Altstadtsystems, nach O. Stamm, kommt, mit typischer grober Eifelkeramik und auch Rädchensigillata. Eine entsprechende Situation wird

▶

Terra Sigillata des 4. Jahrhunderts vom Domhügel.
Nach O. Stamm.

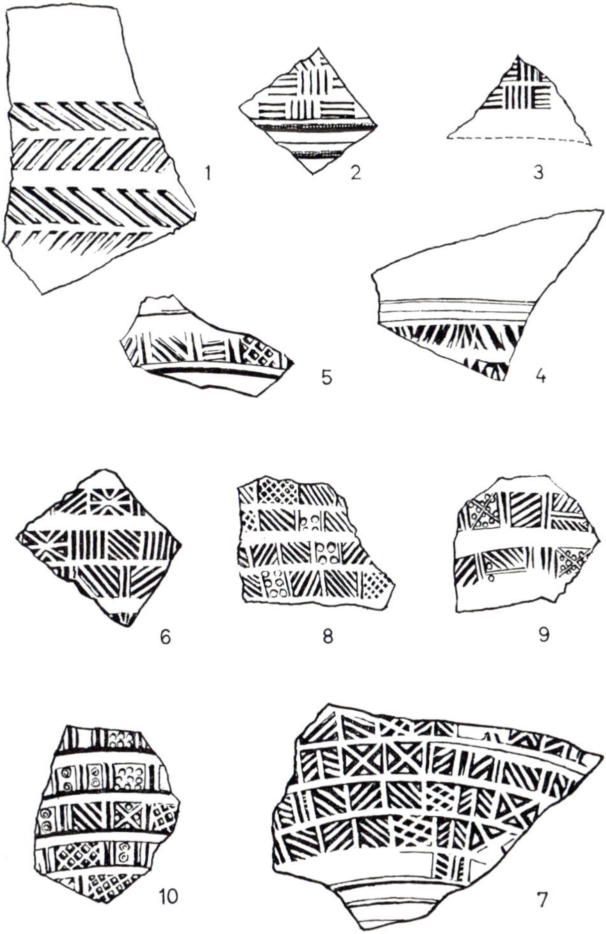
1
2
3
5
4
6
8
9
10
7

in Homburg-Gonzenheim vermutet und von K. Woelcke vereinzelt für den Vicus von Heddernheim bezeugt. Es sieht so aus, als ob die Alamannen das römische Agrarsystem der Gutshöfe übernommen hätten, denn auch ihre Gräber finden sich gewöhnlich in kleinen Gruppen.

Die Gräber sind die eindrucksvolleren Zeugen dieser Zeit. Ein Fürstengrab wurde bisher nicht gefunden, wohl aber kennt man reich ausgestattete Adelsgräber, wie das besprochene vom Ebel, das mit seinen römischen Importen das Kulturbild in der zweiten Jahrhunderthälfte kennzeichnet. Man hat sogar die Importe unmittelbar mit dem römischen Bündnis in Verbindung gebracht, was aber nur dem Grade nach gelten kann. Die in dem Ebelgrab auftretenden Kerbschnittbronzen des Gürtels sind charakteristisch für die Zeit. Die Alamannen übten Körperbestattung, wobei der Tote vorwiegend in Richtung von Norden nach Süden niedergelegt wurde, die Männer mit Waffen, die Frauen mit Schmuck und Spindel. Weitere reiche Gräber haben wir von Groß-Gerau, Stockstadt und Trebur, sowie aus Wiesbaden. Die Mehrheit der Körpergräber ist einfacher ausgestattet; Beispiele gibt es in Frankfurt vom Ostend, aus Niederursel und Seckbach. Ein Frauengrab vom Ostend, 1925 in der Intzestraße gefunden, enthielt eine Nigraflasche und Nigraschüssel sowie drei handgemachte Gefäße, dazu Perlen und Eisenreste. Auch

Tongeschirr aus einem alamannischen Frauengrabe im Ostend, Intzestraße. Nach K. Woelcke und W. Schleiermacher.

im Dom wurden zwei nordsüdlich gerichtete Bestattungen angeschnitten. Das 1960 gefundene Seckbacher Grab war aber von Osten nach Westen gerichtet. Entsprechende Gräber gab es im ganzen

Rhein- und Maingau wie in der Wetterau. In Gräbergruppen werden auch beigabelose Bestattungen beobachtet. Hier deutet sich schon die aus den fränkischen Reihengräbern bekannte soziale Abstufung an. In Lampertheim, Kreis Bergstraße fand sich ein ganzer Friedhof von 56 spätkaiserzeitlichen Gräbern, überwiegend Brandbestattungen und zum großen Teil beigabelos, doch auch mit drei reichen Waffengräbern. Dies aus dem Rahmen fallende Gräberfeld hat man mit den Burgunden in Verbindung gebracht. Die Bewaffnung der Alamannen umfaßte Schwerter, Äxte, Lanzen, Pfeile und Schilde.

Nicht zu übersehen sind die Wandlungen, die das römische Gebiet links des Rheines im 4. Jahrhundert erfuhr. Aus dem Chaos unter den Soldatenkaisern des 3. Jahrhunderts erhob sich der spätrömische Zwangsstaat, in dem Handel und Wandel ebenso erstarrten wie die Kunst. Die militärischen Maßnahmen fanden bereits Erwähnung. Die Provinz Obergermanien verkleinerte sich und hieß jetzt Germania prima. Das Mainzer Legionslager wurde wohl zu Mitte des 4. Jahrhunderts aufgelassen, und dafür entstand eine Mauer um die Zivilstadt, welche den Teil des Kastells abschnitt, den man heute noch Kästrich nennt. Die antiken Götterbilder wurden zerschlagen und in die Festungsmauern gepackt. Das Christentum stieg siegreich empor, ohne den wilden Charakter der Zeit ändern oder gar die Alamannen jenseits des Rheines wesentlich berühren zu können. Mainz wurde Bischofsstadt.

Einige römische Aktivität gab es auch rechts des Stromes, vor allem im Mainzer Brückenkopf. Aus der zweiten Hälfte des 4. Jahrhunderts steht in Wiesbaden die mächtige Heidenmauer, die als Ruine einer nicht fertig gewordenen Befestigung gedeutet wird. In ihrer Nähe unterstreichen germanische Waffengräber, wer hier die Wache hielt. Am Biebricher Rheinufer fand sich ein sogenannter Burgus aus valentinianischer Zeit. Kastel war gewiß befestigt, wie man die Darstellung auf dem in der Saône bei Lyon gefundenen Medaillon auch deutet. Ein Turm bei Flörsheim und ein Keramikfund bei Breckenheim zeichnen den Umriß des Brückenkopfes im Osten nach, von dem der Frankfurter Raum ausgeschlossen blieb. Mehr oder minder adaptierte Ruinen zeugten hier von der römischen Herrschaft. Dagegen haben die Römer in spätkonstantinischer Zeit einen Granitbruch auf dem Felsberg im Odenwald betrieben, der Säulen nach Trier lieferte. Ein Block von dort, mit einem Sägeschnitt, befindet sich im Besitz des Frankfurter Museums.

Die Tage der Römerherrschaft am Rheine waren gezählt, als Stilicho die Feldarmee 401 zur Abwehr der Westgoten nach Italien abzog. Im Jahre 406/07 gingen gewaltige Scharen von Vandalen, Sueben und Alanen bei Mainz über den Rhein, Zerstörung über die Stadt und ihr Hinterland bringend. Doch bewahrt Mainz seinen römischen Charakter. Um Worms entstand das Burgundenreich, das zunächst in gute Beziehungen zu Römern und Franken trat, dann aber 436 von dem weströmischen Feldherrn Aëtius mit Hilfe der Hunnen vernichtet wurde. Diese Ereignisse spiegeln sich im Nibelungenlied. Im Jahre 451 geht schließlich Attila über den Rhein zur Offensive gegen Gallien vor, doch wird das Heer der Hunnen von Aëtius auf den katalaunischen Feldern besiegt. Als im Jahre 453 Attila und ein Jahr später auch Aëtius stirbt, ist die Bahn für Alamannen und Franken frei. Beide Stämme teilen das linke Rheinufer, wobei die Grenze sich zwischen Mainz und Worms einspielt. Die Mainzer Bischofsliste erfährt eine Unterbrechung von 100 Jahren. Im Untermaingebiet und in der Wetterau dürften die Nordalamannen ihre Herrschaft behauptet haben, obwohl infolge Durchzugs fremder Stämme und eigener Auswanderung mit einer Verminderung der Bevölkerung zu rechnen ist.

Die archäologischen Spuren dieser Ereignisse erscheinen undeutlich. Das Wormser Burgundenreich ist durch Funde kaum zu belegen, da die einheitliche spätrömische Kultur alles überfärbt. Rädchensigillata, rauhwandiges Eifelgeschirr und Terra Nigra dauern auch im 5. Jahrhundert fort. Die Kerbschnittbronzen erleben eine eindrucksvolle Blüte, bevor der

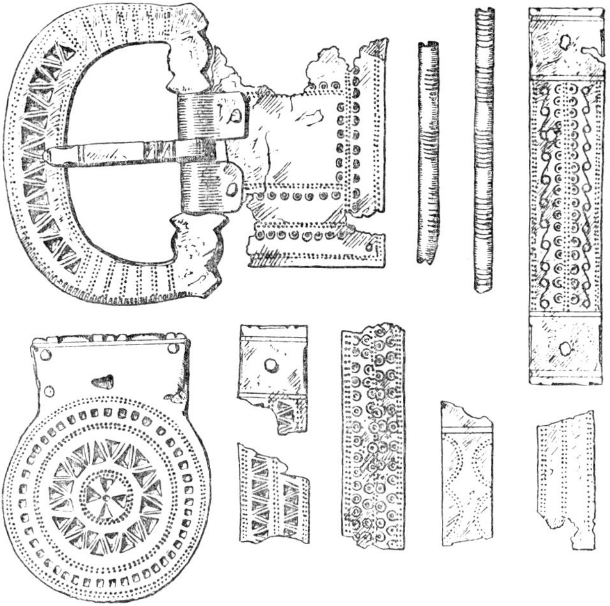

Bronzene Gürtelgarnitur mit Kerbschnittzier, spätrömisch, aus der Umgebung von Frankfurt. Nach G. Behrens. Röm.-Germ. Zentralmuseum Mainz.

vom Hunnenreich geöffnete östliche Kulturstrom sich im Metallwerk voll auswirkt. Die Gürtelgarnituren sind es vor allem, die einer Gruppe reicher Kriegergräber ihren Stempel aufdrücken; aus Bronze oder Silber gefertigt, mit Kerbschnitt geziert und Tierköpfen belebt, gehören sie zu breiten Lederriemen mit Metallstößen und schmäleren eingesetzten Schnallen.

Im östlichen Kulturstrom liegt das Fürstengrab von Wolfsheim in Rheinhessen, das einem hunnischen oder alanischen Würdenträger zugeschrieben wird. Es enthält unter anderem einen mit Almandinen geschmückten goldenen Brustschmuck, der in persischer Schrift den Namen Ardaschir des ersten Sassanidenkönigs trägt. Ein Adelsgrab von Kostheim mit prächtiger durchbrochener Schnalle, Langschwert und Axt ist dagegen von westlichem Stil. Zwei ähnliche Gräber lagen am Mainzer Ufer vor der römischen Stadtmauer. Auch aus Wiesbaden sind Waffengräber dieser Zeit bekannt. Welchen Stammes diese Krieger waren, auf wessen Seite sie fochten, das ist ihrer Ausrüstung nicht anzusehen. In Kastel fand sich in einem Mayener Krug die oben erwähnte Kriegskasse vom Jahre 408 oder später. Rechts des Rheines gibt es entsprechende Gräber, oder Reste von ihnen, sonst noch von Babenhausen, Rendel bei Friedberg, Trebur, sowie eines nicht näher lokalisiert in der Umgebung von Frankfurt. Hier fand sich auch im Main eine verzierte Riemenzunge dieser Zeit. Einfache Gräber kennt man vom Praunheimer Ebelfeld, vielleicht vom Roßmarkt in der Frankfurter Neustadt, von Weilbach und Flörsheim im Maintaunuskreis sowie aus der Aschaffenburger Gegend;

sie werden sich bei einer genauen Aufnahme des Materiales sicherlich vermehren. Der Glauberg wurde auch im 5. Jahrhundert besiedelt, wir haben von dort einen Sammelfund von Schnallengußformen. Selbst auf dem Dünsberg bei Gießen sind spätrömische Gürtelteile gefunden worden. Ebenso gehen die Schichtablagerungen auf dem Frankfurter Domhügel weiter. In der Mitte des 5. Jahrhunderts ist damit die äußerste Grenze von Antike und Mittelalter erreicht.

Reihengräber im Frühmittelalter

Der Niedergang der antiken Zivilisation vollzog sich im Rhein-Main-Gebiet, wie wir sahen, rechts des Rheines anderthalb Jahrhunderte früher als auf dem linken Ufer des Stromes. Links des Rheines waren es die Franken, die nicht nur als Angreifer, sondern auch als Verbündete früh in Kontakt mit der römischen Staatsordnung kamen und so befähigt wurden, Träger des antiken Erbes zu werden. Besonders wußten sie die Bedeutung der Städte als Zentren von Gewerbe, Verwaltung und Kirche zu schätzen. So sehen wir sie schon im späten 5. Jahrhundert im Besitz der Stadt Mainz. Von den Alamannen wird dagegen berichtet, daß sie nach altgermanischer Weise die Kastelle und Städte gemieden hätten. Das Ruinenschicksal von Heddernheim ist dafür ein Beispiel. Diese Grundhaltung gab den Franken das Übergewicht, denn nur auf der Tradition der Antike war im mittelalterlichen Europa eine dauerhafte Macht zu begründen. Die wechselnden Kämpfe zwischen beiden Stämmen wurden schließlich in einer Schlacht um 500 n. Chr. zu Gunsten der Franken entschieden, in deren Hand nun das gesamte Rhein-Main-Gebiet fiel. Die nordalamannische Bevölkerung ist aber nicht vertrieben oder vernichtet, sondern friedlich assimiliert worden, so daß mit Beginn der historischen Überlieferung unser Raum als fränkisches Kernland erscheint. Die Meinungen der Historiker schwanken über den Umfang des alamannischen Anteils. Von Seiten der Archäologie ist auf das Fortdauern der handgemachten Keramik mit Riefen- und Wulstzier in der Wetterau wie im südlichen Rheinhessen sowie auf die Kontinuität einiger Gräberfelder hinzuweisen. Die Organisation des Landes ging aber ganz in fränkischer Weise vor sich. Sie konzentrierte sich besonders auf den Nidda-Gau und schuf dort ein Zentrum in dem königlichen Hof an der Mainfurt, dessen Namen „Frankenfurt" wohl mit der frühen Kolonisation zu verbinden ist. In seinem Umkreis häufen sich Königsland und Königsforsten, auch die Ortsnamen auf -heim, wie Bockenheim, Schwanheim, Heddernheim, die das antike territoriale Prinzip vertreten, im Gegensatz zu den älteren Namen auf

-ingen, im Frankfurter Gebiet nur Sindlingen, die das germanische Prinzip des Personenverbandes betonen. Im ersten Teil des Ortsnamens steckt dagegen oft ein Eigennamen.

In der Alamannenschlacht hat der siegende fränkische Kleinkönig Chlodwig, der Überlieferung nach, gelobt, das katholische Christentum anzunehmen, worin sein Adel ihm folgte. Damit wird auch unser Gebiet zumindest dem Namen nach christlich, wenn auch allgemein die Sitte der Totenbeigaben noch zwei Jahrhunderte fortdauerte. Die Kirche mußte sich auch sonst anpassen, es entstanden Eigenkirchen des Königs und der adligen Gutsherren. Die Franken betrachteten Christus nach Art eines siegreichen Heerkönigs.

Die fränkische Landeinteilung beruhte auf dem Herrenhof, der verschiedenen Grundherren gehören konnte, sei es König, Adel, Kirche oder ein freier Bauer. Im Gegensatz zu der römischen Villa lag er gewöhnlich in Nähe eines Wasserlaufes im Tal. Diese Höfe wurden benannt, zu ihnen gehörten kleinere Gehöfte von Freien oder Unfreien, und alle zusammen bildeten die Siedlung. Später, im Mittelalter, kam es zur Zusammenlegung von Hofgruppen und Bildung von geschlossenen Dörfern, wobei das in fränkischer Zeit noch belanglose Schutzmoment eine Rolle spielte. Die fränkische Gesellschaft war agrarisch bestimmt und deutlich abgestuft. Es gab außer dem Adel noch verschiedene Grade von Freien und dazu die Knechte. Eine besondere Rolle spielten die Königshöfe und Pfalzen als Herberge der durch das Land ziehenden Hofhaltung und Stützpunkt der Königsmacht. Dieses Bild wird aber erst in den Quellen der karolingischen Zeit überliefert und hat gewiß seine historische Tiefe. Die fränkische Kolonisation ergoß ihren Hauptstrom durch das untere Neckarland zum mittleren Main, wobei Worms zur besonderen Bedeutung und sogar Residenz aufstieg. Untermain und Wetterau lagen zur merowingischen Zeit im Vorland von Mainz noch in einem ruhigen Winkel, sonst wären die schriftlichen Quellen hier nicht so schweigsam. Die Situation ähnelt derjenigen in der hohen Kaiserzeit. Immerhin ist anzunehmen, daß die fränkischen Kriegszüge gegen Thüringen im 6. Jahrhundert durch unser Gebiet gingen.

So dunkel die Historie ist, so hell erstrahlt die Archäologie. Die in der Völkerwanderungszeit erneut begründete Sitte, den Toten unverbrannt mit Waffen oder Schmuck beizusetzen, erfaßt nun weite Schichten, so daß wir mit dem 6. Jahrhundert, sicher auch durch Zunahme der Bevölkerung bedingt, einer Welt von reich ausgestatteten Gräbern gegenüberstehen. Man nennt sie Reihengräber, weil die Toten dem Blick der älteren Forschung reihenweise dazuliegen schienen. Dies ist aber nicht wörtlich zu nehmen, vielmehr zeichnet sich eher eine Gruppierung ab. Es waren die Brüder Lindenschmit, die in den 40er Jahren des vorigen Jahrhunderts zu Selzen im Kreis Mainz die Reihengräberkultur entdeckten und über das 1653 in Tournay gefundene Grab des Königs Childerich mit den Franken verbinden konnten. Die Toten der Reihengräber liegen ausgestreckt in der Richtung von Westen nach Osten, wie schon in spätrömischer Zeit üblich, und sind nach prähistorischem Recht mit ihrer beweglichen Habe ausgerüstet. In der Art der Beigaben spiegelt sich der abgestufte Aufbau der Gesellschaft, wie schon in den alamannischen Gräbern des 4. Jahrhunderts. Zu jeder Siedlung gehörte in Distanz von wenigen hundert Metern ein Gräberfeld, so daß man deren mehrere in einer modernen Gemarkung finden kann. Bei uns ist bei jedem alten Dorf mit einem merowingischen Friedhof zu rechnen. Leider ist ihre Erforschung gerade im Frankfurter Raum noch wenig fortgeschritten; bestenfalls wurden Teile untersucht. Moderne Grabungen sind von Weilbach, Hochheim, Gonzenheim, Niedermörlen und Friedberg zu nennen. Eine zusammenfassende Bearbeitung der Reihengräberkultur in Südhessen steht noch aus.

Das in den Gräbern zutage tretende Handwerk fußt auf antiken Traditionen. Besonders gilt dies für die Glasindustrie und die gedrehte Keramik. In der Tonware konkurrieren die Eifeltöpfereien mit lokalen Werkstätten. Aus der spätrömischen Nigraschüssel entsteht der fränkische Knicktopf, dessen Stempelzier wiederum an die Rädchensigillata anknüpft. Dazu treten mit wenig abgewandelten Formen der Krug und die Kanne. In der handgemachten Tonware machen sich dagegen alamannische Erinnerungen bemerkbar. Aus Glas besteht der beliebte Sturzbecher. Auch Bronzeschalen und metallbeschlagene Holzeimer wurden in die Gräber gestellt. Die Bewaffnung ist germanischen Ursprungs. Zu nennen sind hier das zweischneidige Langschwert oder Spatha, das einschneidige Kurzschwert oder Sax, Speer und Stoßlanze oder Ango, die Streitaxt oder Wurfaxt genannt Franziska, ferner Schild, Pfeil und Bogen und, in Adelsgräbern, der Spangenhelm. Die großen Bügelfibeln, die mit ihrer starren Schauseite paarweise als Teil der Frauentracht erscheinen, werden bevorzugt Träger der Kunstzier und wohl auch Symbolik: linearer Kerbschnitt und Rankenstil im 6. Jahrhundert, Flechtbänder und Tierornamentik im 7. Jahrhundert. Östlichen Ursprungs ist das Zellenwerk mit eingelegten Granatsteinen, das vor allem im 6. Jahrhundert die Broschen, Bügelfibeln und Gürtelgarnituren glänzend überzieht. Im 7. Jahrhundert kommen mediterrane Techniken wie Goldblecharbeit mit Steinen und Filigran sowie Silbertauschierung auf. Verzierte beinerne Kämme in Männergräbern erinnern an das lange Haar der fränkischen Freien. Hinzu treten weitere Schmuckstücke und Utensilien

Goldbelegter Schwertgriff, Zierband der Scheide aus Silber mit Niello. Frühe Merowingerzeit, Umgebung von Frankfurt. Zu Seite 222. Archivaufnahme.

Vergoldete Silberfibeln aus merowingischen Frauengräbern.
Bahnhofsviertel, Niederursel und Praunheimer Ebelfeld.
Zu Seite 216.

wie Ringe an Armen, Fingern und Ohren, Nadeln, Perlen, Anhänger, Taschenbeschläge, Messer, Scheren, Feuerzeug, Schwertbommel und Spinnwirtel. Auch Münzen fehlen nicht, gern dem Toten in den Mund gelegt. Vergangen sind zumeist die Textilien, ebenso wie die Holzmöbel, bis auf ihre Metallbeschläge. Die Reihengräberkultur ist ausgesprochen museumswirksam. Die Grabschächte können mit Dielen ausgezimmert, die Särge geschreinert oder aus Bäumen geschnitzt sein. Auch über der Erde sind Grabzeichen, wie Trockenmauern oder kleine Hügel, sowie Stelen aus Holz oder Stein vorauszusetzen und zum Teil bekannt. So gibt es rechts des Rheines eine verzierte Grabplatte aus einem Reihengrab von Hochheim und zwei frühchristliche Grabinschriften vom Gimbacher Hof bei Kelkheim im Maintaunuskreis und Goddelau im Kreise Groß-Gerau. Nur einmal, in Wallerstädten, Kr. Groß-Gerau, wurde beobachtet, daß ein merowingisches Grab, eine reiche Männerbestattung, in einen vorgeschichtlichen Grabhügel gelegt worden ist. Angesichts der Masse der Funde aus den Reihengräbern des Rhein-Main-Gebietes müssen wir uns auf das Frankfurter Stadtgebiet beschränken, das nun durch die Einrichtung des königlichen Hofes zugleich Namen und Individualität gewinnt.

Merowingische Gräberfelder oder einzelne Grabfunde kennen wir fast aus der Hälfte der Stadtbezirke, nämlich der Altstadt, dem Bahnhofsviertel, dem Riederwald, aus Sachsenhausen, Berkersheim, Bonames, Bornheim, Eckenheim, Fechenheim, Ginnheim, Griesheim, Heddernheim, Höchst, Niederursel, Praunheim, Rödelheim, Sindlingen und Zeilsheim, ferner in der nächsten Nachbarschaft aus Bergen-Enkheim, Offenbach, Bürgel, Vilbel, Harheim und Kalbach. Über den Umfang und die Dauer der Belegung geben die Funde nur annähernd eine Vorstellung. Sofern keine ältere Kontinuität besteht, kann man mit Beginn in der zweiten Hälfte des 5. Jahrhunderts, mit dichter Belegung im 6. und 7. Jahrhundert rechnen. Aus dieser Zeit mag eine Siedlung an 200-400 Bestattungen hinterlassen haben, wenn sie mehrere Gehöfte umfaßte.

Am längsten, seit 1854, sind die Gräber unter den ehemaligen Westbahnhöfen am Ostende der Münchener Straße bekannt, deren Funde, darunter zwei Fünfknopffibeln und zwei S-Fibeln, der ersten Hälfte des 6. Jahrhunderts angehören. In der Altstadt hat man 1895 einige Gräber an der Reineckstraße geborgen, mit Funden aus dem späten 6. und 7. Jahrhundert. Sie gehören wohl zur Domhügelsiedlung und liegen nördlich in der Flucht der alten Steingasse,

---

▶

Inventar eines Kindergrabes des 6. Jahrhunderts vom Praunheimer Ebelfeld. Silber, Eisen, Glas, Bein und Ton. Siehe auch die Lichtbildtafel bei Seite 224.

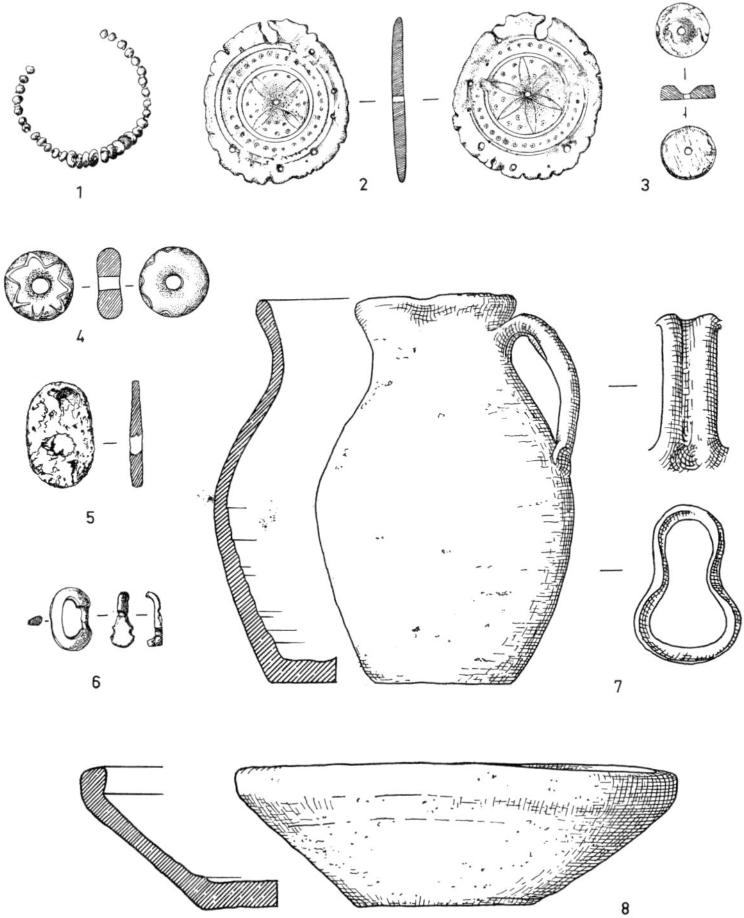
1
2
3
4
5
6
7
8

unter deren Namen man eine Römerstraße vermutet hat. Reihengräber werden oft an Straßen gefunden. So ziehen sich merowingische Gräber östlich von Enkheim an der alten Gelnhäuser Straße den südmainischen Weg entlang, an dem auch Gräber älterer Perioden auf den Dünen liegen. Oben am Berger Hang fanden sich beigabelose Gräber in einem römischen Bau, die nach dem neueren Fund einer Pfeilspitze wohl merowingisch sind. In Fechenheim liegen Reihengräber am Südrande des Dorfes im Bereich vermuteter römischer Straßen. Die Gräber im Ostteil der Höchster Farbwerke liegen in der Flur Alte Kirche, die auch durch andere Anzeichen, besonders den Fund einer Jupitersäule, als Stelle einer römischen Villa und sicher auch Straße ausgewiesen wird. Bedeutend sind die Gräberfunde östlich von Niederursel an der römischen Saalburgstraße, wo 1862-1911 ein Friedhof von mehreren hundert merowingischen Bestattungen zerstört und verschleudert wurde. Ein Männergrab mit Axt und Speer fiel durch Beigabe von Roß und Hund auf. Von diesem Fundplatz stammen zwei S-Fibeln und eine Vogelfibel, sowie eine durchbrochene bronzene Zierscheibe mit einem gekreuzten Männerpaar; solche Scheiben waren in

---

▶

Inventar eines Männergrabes des 6. Jahrhunderts vom Praunheimer Ebelfeld. Silber, Eisen, Bein, Feuerstein, Terra Sigillata und Ton.

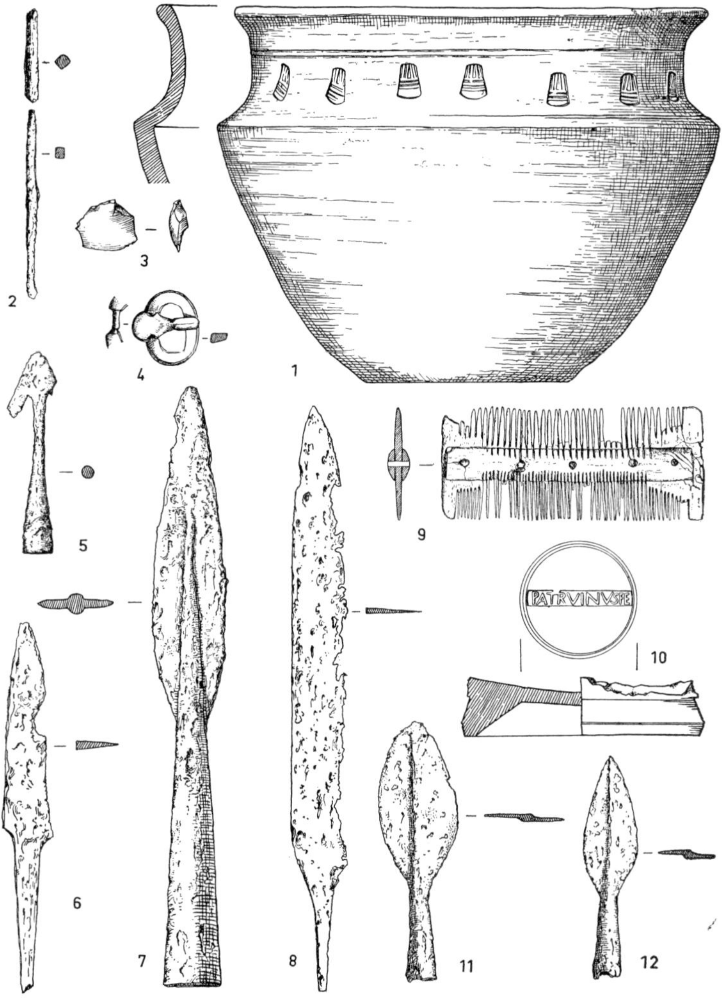
1
2
3
4
5
6
7
8
9
PATRVINVSFE
10
11
12

Ringen befestigt und gehören zu Gehängen oder Taschen. Schon erwähnt wurde der Friedhof auf dem Praunheimer Ebelfeld, der seit dem 4. Jahrhundert fast aus jeder Generation schöne Funde erbracht hat. Die Situation ist hier ähnlich wie in Weilbach und Gonzenheim. In der Praunheimer Siedlung wurde ein Pferdeskelett in der Nachbarschaft von Reihengräbern gefunden. Aus dem Gräberfeld am Westrand von Rödelheim kommt eine bronzene Zierscheibe mit Drachenkreuz. Berühmt wurde das Sindlinger Reihengräberfeld nördlich des Ortskernes am rechten Hochufer des Pfingstborngrabens, ausgebeutet 1892-97, wobei 1895 sogar eine Ausgrabung stattfand, die drei Dutzend Grabstellen betraf. Der Umfang dieses Friedhofes mag mit 400 Gräbern nicht zu hoch geschätzt sein; sie beginnen schon im 5. Jahrhundert, häufen sich aber im 7. Jahrhundert. Bemerkenswert sind zwei runde tauschierte Gürtelscheiben. Ein Kriegergrab mit Lanze und Axt enthielt wieder ein Hundeskelett. Schließlich führen wir einen goldbelegten Schwertgriff vor, dessen genauer Fundort in der Umgebung von Frankfurt verschleiert wurde. Er zeigt eines der frühen Adelsgräber mit Schwertern aus der Zeit um 500 n. Chr. an, wie wir sie aus Rheinhessen von Flonheim und Planig kennen. In ihnen lebt eine Tradition der Attilazeit fort.

Sehr viel schlechter steht es mit unserer Kenntnis der merowingischen Siedlungen, da sie meist unter den heutigen Ortskernen verschüttet liegen. Gut erforscht ist der königliche Hof auf dem Domhügel, von dem das folgende Kapitel handelt. Die vom Römerberg bekannten Grubenhäuser sind möglicherweise auch unter der Autobahn bei Niederursel an der Nordseite des Steinbaches präsent. Es handelt sich um Wirtschaftsbauten; die fränkischen Wohnhäuser waren auf dem Boden in Fachwerk errichtet. Frühmittelalterliche Streuscherben sind noch aus dem Ortskern von Praunheim und vom Sachsenhäuser Brückenkopf bekannt.

Mit Ausgang des 7. Jahrhunderts brechen die Reihengräberfelder unserer Landschaft ab. Ihr Ende wird überschattet von einem weitverbreiteten Grabraub, der partiell oder total zu einer Zeit vor sich ging, als die Grabstellen noch erkennbar waren. Zugleich endet die Beigabensitte überhaupt, womit sich auch von Seiten der Archäologie Dunkelheit herabsenkt, bis im Laufe des 8. Jahrhunderts die ersten historischen Lichter aufflammen. Zufolge der geistlichen Reformen wird es nun üblich, die Toten ohne Beigaben an den Kirchen zu begraben. Ein Beispiel haben wir an der ausgegangenen Martinskirche im Schwanheimer Feld, mit typisch fränkischem Heiligennamen, von der noch Kreuz und Linde zeugten, ehe das Gelände 1966 vom Ausbau der Farbwerke erfaßt wurde. Sie war königliche Eigenkirche und Pfarrkirche für Kelsterbach, Schwanheim und die ebenfalls ausgegangene, inzwischen im Industriehafen versunkene Siedlung Hausen, und wurde später von König Ludwig dem Deutschen dem Frankfurter Salvatorstift geschenkt. Im Jahre 1956 war hier eine Ausgrabung des Frankfurter Museums, die den Grundriß der Saalkirche und einen Teil der umliegenden Gräber seit karolingischer Zeit freilegte. Hier fand sich bei einer hochmittelalterlichen Bestattung eine bronzene Gürtelschnalle, Beispiel für das gelegentlich bis in unsere Zeit zu beobachtende Fortdauern der Beigabensitte.

Im 8. Jahrhundert gibt es eine Schicht von Adelsgräbern, welche noch reich mit Beigaben ausgestattet wurden. So wie der Adel der allgemeinen Reihengräbersitte vorausging, so folgt er nun ihrem Ende mit Verspätung nach. Das einzige Beispiel im Frankfurter Raum stammt von Sindlingen; der Grabfund, der 1899 in das Mainzer Museum gelangte, enthielt einen silbergefaßten Schildbuckel und eine Lanze mit vierkantiger Tülle.

Sonst wissen wir vom karolingischen Metallhandwerk recht wenig. In der Keramik setzt sich wieder der oxydierende Brand mit hellen Scherbenfarben durch, der zuende des 8. Jahrhunderts in der rheinischen rollstempelverzierten Badorfer Ware kulminiert.

Als karolingische Siedlung präsentiert sich die Pfalz auf dem Domhügel, die zunächst unbefestigt

Merowingisches Kindergrab vom Praunheimer Ebelfeld.
Zu Seiten 126 und 219.

Bronzene Zierscheiben aus merowingischen Frauengräbern von Niederursel und Rödelheim. Zu Seiten 220 und 222.

war. Erst zu Beginn der historischen Zeit, unter den späten Karolingern oder den Ottonen, ergab sich ein Zwang zur Ummauerung. In dieselbe Zeit dürfte die erneute Benutzung von festen Plätzen im Vordertaunus gehören. Wahrscheinlich gab es auch Wehranlagen im Taunusvorland, denn wir kennen aus dem Niederurseler Feld zwei Gräben mit entsprechenden Funden.

Ein Ereignis aus dem 8. Jahrhundert verdient hier noch Erwähnung. Im Sommer 754 zog der Leichenzug des Bonifatius auf dem Wege von Mainz nach Fulda nördlich an Frankfurt vorbei. Der Sarg wurde zur Übernachtung südlich von Kalbach an der Bonifatiusquelle abgesetzt, die man heute noch in 400 m Entfernung links der Straßenbahn nach Bonames liegen sieht. Vielleicht boten die Ruinen einer nahen, am Bauschutt des Ackers kenntlichen römischen Villa eine notdürftige Unterkunft. Später stand dort die Feldkirche zu Kruzen. Der Vorgang zeigt, daß der Hof auf dem Frankfurter Domhügel damals noch keine Anziehungskraft und wahrscheinlich eine schlechte Landverbindung hatte. Der Hauptverkehrsweg, den auch die fränkischen Könige benutzten, war hier der Lauf des Maines.

Der Domhügel in der Altstadt

Historische Keimzelle der Stadt ist der „Domhügel“, der einen Abschnitt der Niederterrasse des Maines zwischen Römerberg und Fahrgasse bildet, gegründet auf tertiären Ton und Kalk und mit Hochflutlehm überdeckt. Er erhebt sich heute bis 7,70 m über Mittelwasser und war seit dem Postglazial eine trockene Halbinsel, die im Süden vom Fluß, im Osten von dem sumpfigen, inzwischen aufgeschütteten Fischerfeld und im Norden von einem vermoorten Mainarm, der Braubach, abgeschlossen war, nur im Westen auf einer schmalen Landbrücke am Römerberg mit dem benachbarten „Karmeliterhügel“ verbunden. Das Mainufer lag im Altertum etwa 100 m nördlicher im Zuge der Saalgasse und Alten Mainzer Gasse; beim Hochwasser von 1970 konnte man den Main auf dieser alten Uferlinie am Fahrtor stehen sehn. Von Natur aus war der Domhügel niedriger, denn die Auflagerung antiker und mittelalterlicher Kulturschichten beträgt auf seinem Scheitel 1,50 m, an den Flanken bis zu 4 m; diese Schichten entstanden durch den Mangel einer Schuttabfuhr. Der Hügel hat die Form eines abgerundeten Rechteckes von etwa 325 m Länge WSW-ONO und 125 m Breite. Seine Haupthöhe vor dem Dom, im Zuge des Marktes, stellte das Zentrum der vorgeschichtlichen Besiedlung dar und war auch der Standort der wich-

Ziegelstempel der 14. Legion vom Domhügel, Weckmarkt.
Lesung: Leg(io) XIIII G(emina) M(artia) V(ictrix).

tigsten römischen und karolingischen Bauten. In der Talenge der Frankenfurt liegt der Domhügel wie ein Trittstein in die sumpfige Niederung gelegt, weithin den bequemsten Übergang gestattend.

Die archäologische Forschung hat hier verhältnismäßig spät eingesetzt. Indessen stand auf dem Domhügel nicht nur der Dom, sondern auch die historische Altstadt mit dichter Bebauung seit dem Mittelalter. Es bedurfte umwälzender Ereignisse, um den Boden für wissenschaftliche Beobachtungen zu öffnen. Im Jahre 1867 brannte der Dom ab. Die Restaurierungsarbeiten führten den Dombaumeister F. Denzinger 1874 auf die Fundamente der karolingischen Salvatorkirche. Sodann fand man beim Ausbau des Kanalnetzes 1889 auf dem Krautmarkt eine römische Grube und kurz darauf hier wie auf dem Weckmarkt einen Abflußkanal, dessen Ziegelplatten von der 14. Legion gestempelt waren. Bis dahin hatten die Frankfurter Lokalforscher geglaubt, daß die Besiedelung des Domhügels erst mit der historisch überlieferten Pfalz begonnen hätte, und es hier keine älteren Spuren gäbe. Die neuen Funde wurden von A. Hammeran auf ein römisches Kastell Frankfurt bezogen. Im Jahre 1895 unternahm Ch. L. Thomas auf dem Hühnermarkt eine regelrechte Ausgrabung, deren Anlaß die Aufhebung des Freythofbrunnens und die Errichtung des Stoltzedenkmals waren. Er fand ein großes römisches Gebäude mit Bodenheizung und Stempeln der 14. und 22. Legion. Weitere römische Funde erschienen in der Folge. Beim Durchbruch der Braubachstraße entdeckte Thomas 1904-06 einen Mauerzug längs der Braubach bis zum Römerberg hin, der die Nordumwehrung des im Hochmittelalter bezeugten „Castellum Frankonofurt“ darstellt. Das Hauptgebäude der karolingischen Pfalz vermutete man seit der Humanistenzeit unter dem Saalhof, bis H. Bingemer 1936 in einer kurzen Grabung dessen rein romanischen Charakter nachwies. Bingemer suchte, wie sich zeigen sollte mit Recht, den karolingischen Palast vor dem Dom in dem Häuserblock westlich der Höllgasse.

Dann warf der zweite Weltkrieg seine Schatten. Im Jahre 1942 entdeckte man beim Bau eines Löschwasserbeckens auf dem Römerberg ein gewaltiges Rundfundament, das von K. Nahrgang als die karolingische Pfalzkapelle gedeutet, inzwischen aber von O. Stamm als spätstaufischer Wehrturm bestimmt wurde. Karolingische Mauerzüge kamen im gleichen Jahre auf dem Domplatz unter der abgerissenen Michaelskapelle zum Vorschein. Im März 1944 sank schließlich die Frankfurter Altstadt rings um den Dom im Bombenhagel in Trümmer.

Es dauerte lange, bis nach dem Kriege die in den zerstörten Städten vielerorts einsetzende „Stadtkernforschung“ auch in Frankfurt ihr Werk beginnen konnte. Die Voraussetzung dazu wurde mit der Wiederaufrichtung der Stadtarchäologie erst 1952 geschaffen, als auf dem östlichen Teil des Domhügels der Aufbau schon im Gange war und Bodenuntersuchungen nicht mehr gestattete. Im Jahre 1953 begann H.-J. Hundt die Altstadtgrabung zwischen Römerberg und Dom, die dann seit 1954 unter Leitung von dem Verf. und O. Stamm, unter Mithilfe von D. Baatz, H. Reber, W. Sage und R. Gutbier jährlich bis 1959, dann 1961, 1964 und seit 1969 fortgesetzt wurde und neben Heddernheim das umfangreichste Unternehmen des städtischen Museums für Vor- und Frühgeschichte darstellt. Durch die neuesten Baumaßnahmen, die Stadtbahn, das technische

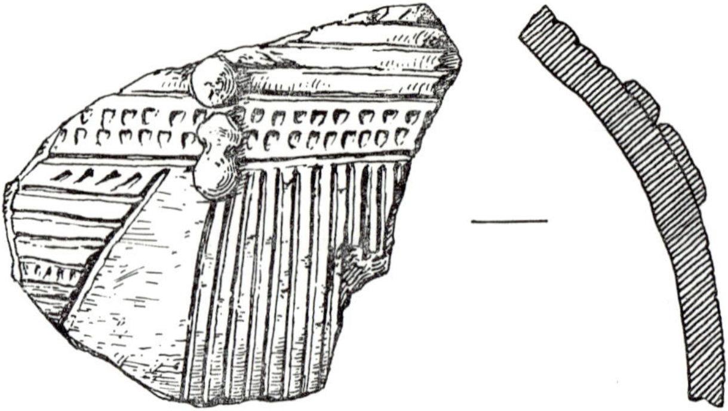

Jungneolithischer verzierter Tonscherben einer Nachrössener Gruppe vom Domhügel.

Rathaus, die Erweiterung des Historischen Museums, die Tiefgaragen usw. droht die Substanz des westlichen Domhügels überhaupt verloren zu gehen. Die Grabungen haben eine gewaltige Masse von Beobachtungen und Funden erbracht, deren Sichtung großenteils noch aussteht. Es war stets schwierig, zusammenhängende Strukturen zu erfassen, da die alten Schichten durch die spätere Bebauung, Keller, Kanäle, Kabelgräben und auch Bombentrichter mannigfach gestört sind. Die einzigen Gelegenheiten zur Untersuchung größerer Flächen boten sich in den Jahren 1970 und 1971 bei den Ausschachtungen für das Historische Museum im Saalhof und die Tiefgarage auf dem Römerberg, aber sie konnten wegen der Eile der Baumaßnahmen nur begrenzt genutzt werden.

Die ältesten Funde gehen in die jüngere Steinzeit zurück, wenn auch von der Bandkeramik nur zwei verschleppte Schuhleistenkeile zu melden sind. Ein mit Furchen und Tonlinsen verzierter Krugscherben im alten Boden am Südprofil der Stadtbahnschachtung Rebstock gehört einer bei uns bisher unbekannten Nachrössener Gruppe des frühen Jungneolithikums an. Das Fragment eines bronzezeitlichen Randbeiles kommt wieder aus sekundärer Lage. Eine linienverzierte Tontasse der mittleren Bronzezeit von der Nordwestecke des Hühnermarktes stellt den nächsten wichtigen Fund dar. Scherben der jüngeren Bronzezeit, vielleicht der Hallstattzeit, sicher solche der Latènezeit belegen den Fortgang der Besiedlung. Besonders hat die Spätlatènezeit eine größere Zahl von Gruben erbracht, die sich am Römerberg und Rebstock häufen und von einer keltischen Ansiedlung zeugen.

Diese mußte im ersten nachchristlichen Jahrhundert der römischen Macht weichen. Vielleicht begann auch hier die Besetzung schon unter Kaiser Vespasian. Spätestens im Chattenkriege Kaiser Domitians, 83 n. Chr., entsteht westlich des Domes an der Höllgasse ein Militärbad mit Ziegeln der 14. Legion, mit der üblichen Folge der verschieden temperierten Räume, dazu ein rundes Dampfbad, zu dem der 1889 gefundene Abflußkanal gehört. Ein weiteres Gebäude lag im Südteil des Tuchgadens, ein Bauteil mit Konchen am Markt. Wo das zugehörige Kastell war, wissen wir nicht, keine Spur hat sich bisher davon gefunden. Vielleicht befand es sich auf dem zur Zeit unzugänglichen Ostteil des Domhügels. Alle militärischen Bauten dürften zu Beginn des 2. Jahrhunderts abgebrochen worden sein. Statt ihrer entsteht auf dem Hühnermarkt ein großes villenähnliches Gebäude mit mehreren Umbauten, dazu ein Nebengebäude westlich an der Nordseite des Marktes, beide mit Ausblick zum Mainufer. Ein zugehöriger viereckiger Hof wird von einer Mauer umschlossen, die vor dem „Steinernen Haus" und an der Saalgasse festgestellt wurde. Diese Anlage war wohl ziviler Art, vielleicht hing sie mit dem Mainübergang zusammen. Die Zeugnisse für eine römische Brücke sind umstritten. Nach Westen führte eine Straße im Zuge des Marktes. Römische Reste fanden sich noch an anderen Stellen des Domhügels: ein Keller in der Weibleinsgasse, ein keramischer Massenfund im Rebstock, Gebäudereste auf dem Weckmarkt. Ein Kastenbrunnen westlich des Römerberges und südlich des Hauses „Limpurg" enthielt einen schönen Sesterz des Trajan und bezeugt einen um 1,50 m höheren Grundwasserstand gegen heute. Die römischen Fundamente bestehen aus Kalkstein mit gelbem weichen Mörtel. In den älteren römischen Schichten fand sich

Freigelegte Keller am neuen Gaden auf dem Domhügel. Römisches Rundbad und karolingische Königshalle. Von Norden gesehen. Zu Seiten 231 und 236. Aufnahme Dr. W. Sage.

Orange geflammte Tonschale mit Bild der Göttin Diana. An der Außenseite Weinranken. Mittelrömische Zeit. Vom Domhügel, unter dem Markt. Zu Seite 233. Aufnahme G. Busch-Hauck.

zusammen mit der südgallischen Terra Sigillata eine Menge handgemachter einheimischer Keramik. Eine Trinkschale der orangeroten „Wetterauer Ware", mit einer Darstellung der Jagdgöttin Diana und Weinranken bemalt, stammt vom Markt. Ein schlanker Bronzearm gehört zu einer Venusstatuette. Auch sonst zeugen farbiger Wandputz, Reste von bunten Steinplättchen und Fensterglasscherben vom Komfort der antiken Bauten.

Im Jahre 260 n. Chr. war auch am Domhügel die römische Herrschaft zuende und die Alamannen traten ihr Erbe an, später von der fränkischen Macht abgelöst. Archäologisch drückt sich dies in einer dikken schwarzen Schicht aus, welche den hellen römischen Schutt überlagert und durchgehende Kulturreste von spätrömischer bis ottonischer Zeit enthält. Tiefer reichende Pfostengruben an ihrer Basis zeugen von hölzernen Bauwerken. Diese schwarze Schicht, die ihre Farbe organischen Resten und wohl auch Bränden verdankt, ist der Niederschlag des fränkisch-deutschen Königshofes und seines zu vermutenden Vorgängers in alamannischer Zeit. Sie wird von einer ältesten mittelalterlichen Kiespflasterung abgeschlossen, über die sich heller spätmittelalterlicher Stadtschutt legt, wieder beschlossen von dem neuzeitlichen Straßenpflaster; wir haben es ja meist mit Profilen in Gassen zu tun. Unter dem Pflaster stößt man gleich auf gotische Scherben.

Wie die vorkarolingischen Gebäude dieses Hofes aussahen, wissen wir im einzelnen nicht. Zur merowingischen Anlage könnte ein steinerner Apsidenrest im Nordteil des Tuchgadens unter dem „Roten Haus“ gehören. Schlechte nachrömische Einbauten sind in dem römischen Gebäude auf dem Hühnermarkt beobachtet. Auch der Ausbruch der römischen Fundamente spricht für die Errichtung späterer Steinbauten. Am Römerberg dagegen dürften Holzhäuser gestanden haben. Hier fanden sich auch die typischen Hausgruben. Die Reihengräber in der Reineckstraße, 240 m nördlich der Braubach, mögen zur Siedlung auf dem Domhügel gehören.

Von diesem unklaren älteren Bild heben sich eindrucksvoll die Mauerzüge der karolingischen Pfalz ab, die 1953 zuerst unter dem Tuchgaden und dann im Viertel zur Höllgasse hin und in den Dombereich verlängernd gefunden wurden, zum großen Teil in die späteren Hauskeller eingeschlossen. Hier trat der Preßlufthammer an die Stelle des Spatens. Die Bauart ist hervorragend, Basaltguß mit weißem eisenhartem Mörtel, im Aufgehenden sauberes Quaderwerk aus Basalt oder Sandstein. Abbruchschutt mit Tuffquadern, auch ein verzierter Konsolenblock aus

---

▶

Schichtenprofil der Frankfurter Altstadt, Höllgasse. Links karolingisches Fundament, daneben römische Bodenheizung der Thermen. Nach H.-J. Hundt und U. Fischer.

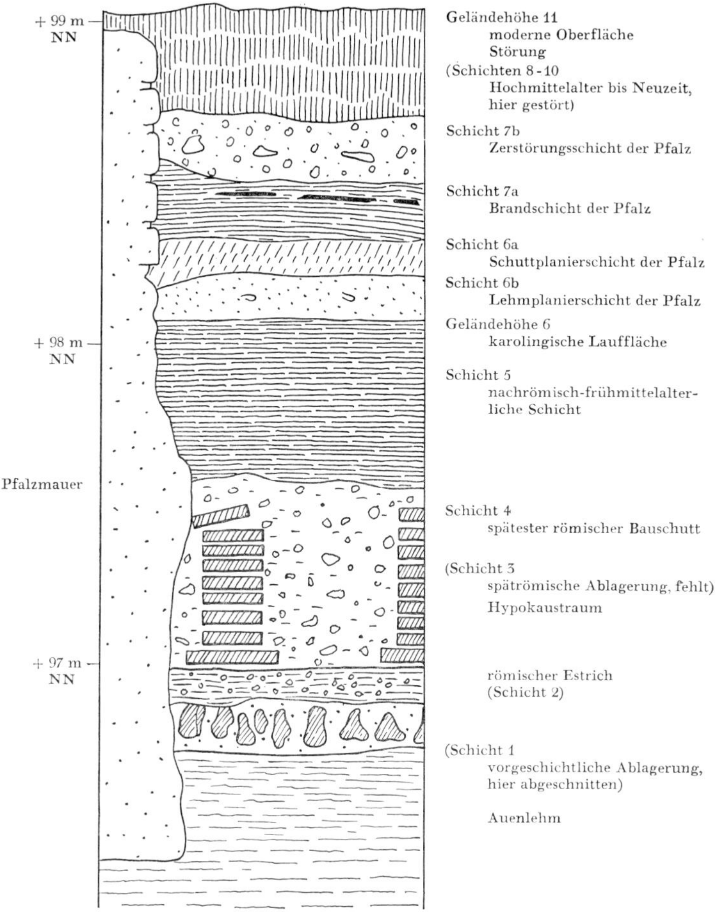
+ 99 m NN
+ 98 m NN
Pfalzmauer
+ 97 m NN
Geländehöhe 11
moderne Oberfläche
Störung
(Schichten 8 - 10
Hochmittelalter bis Neuzeit,
hier gestört)
Schicht 7b
Zerstörungsschicht der Pfalz
Schicht 7a
Brandschicht der Pfalz
Schicht 6a
Schuttplanierschicht der Pfalz
Schicht 6b
Lehmplanierschicht der Pfalz
Geländehöhe 6
karolingische Lauffläche
Schicht 5
nachrömisch-frühmittelalterliche Schicht
Schicht 4
spätester römischer Bauschutt
(Schicht 3
spätrömische Ablagerung, fehlt)
Hypokaustraum
römischer Estrich
(Schicht 2)
(Schicht 1
vorgeschichtliche Ablagerung,
hier abgeschnitten)
Auenlehm

Rotsandstein, am Nordhang des Domhügels, im Hof des „Goldenen Lämmchens“, mag dazugehören. Sogar römische Spolien wurden verbaut. Der Grundriß dieser Anlage geht souverän durch das Gewirr der spätmittelalterlichen Bürgerhäuser, und die Fundamente gründen tiefer als die der römischen Bauten. Im Westen liegt der profane Teil der Pfalz mit einer großen zweischiffigen Halle und Nebenräumen für den Gebrauch des Königs, durch einen gedeckten Gang mit dem zugehörigen Sakralraum im Osten verbunden, welcher der Salvatorkirche entsprach oder vorausging. Die Orientierung der langgestreckten Anlage ist streng westöstlich, abweichend von den kongruenten römischen und spätmittelalterlichen Baufluchten, die der natürlichen Streichrichtung des Domhügels folgen. Zu der Palastanlage, welche die Ruinen der römischen Thermen durchschneidet, dürften noch steinerne Nebengebäude gehört haben, von denen sich Spuren am Domplatz, Hühnermarkt und Markt fanden, sowie hölzerne Wirtschaftsbauten, die besonders am Römerberg zum Vorschein kamen. Der karolingische Hof mag auch baulich den Domhügel überschritten und sich auf den Karmeliterhügel ausgedehnt haben, doch fehlt bisher ein Nachweis. Die endgültige Ausgestaltung der Pfalz dürfte erst unter Ludwig dem Frommen, dessen Neubautätigkeit überliefert ist, geschehen sein. Karl der Große war nur einmal in Frankfurt, und eine wesentliche Bautätigkeit unter seiner Anordnung wäre wohl überliefert worden. Aus dem gleichen Grunde glauben wir nicht, daß die Benennung des Hofes auf Karl zurückgeht, wie einige Historiker annehmen.

Erstaunlich bescheiden sind die Funde der karolingischen Zeit. Die vier Denare aus dem Dom spiegeln in ihren Münzstätten die Weite des Reiches. Der Hals einer persischen Glasflasche ist ein Gruß aus dem fernen Reich der Kalifen. Die Scherbenfunde hat O. Stamm 1962 verwendet, um sein System der spätrömischen und frühmittelalterlichen Keramik der Altstadt Frankfurt aufzustellen.

Der Domhügel ist der einzige Punkt im Frankfurter Raum, an dem eine Kontinuität von der Antike zum Mittelalter wirklich greifbar wird. Im Grunde beginnt die Altstadtgrabung nun erst spannend zu werden. Sie beleuchtet die hochmittelalterlichen Schicksale des Ortes, seine Ummauerung in äußerer Not, nicht nur an der Braubach, auch mit einer gewaltigen Mainmauer, dann den jähen Aufstieg in der Zeit der Staufer, die Verlagerung der Pfalz zum Saalhof, diesen selbst als königliche Burg und Ausgangspunkt der Stadtgründung, das erneute Schwanken mit dem Abtreten der Staufer und die Entwickelung der bürgerlichen Handelsstadt. Aber alles das liegt schon jenseits der Grenzen dieser Schrift. Insbesondere stellt der Saalhof einen archäologischen Komplex für sich dar, der seit dem Hochmittelalter in den Maingrund hinausgeschoben und an den Domhügel nur angelehnt ist. Hier wurde bei den Ausschachtungen für das Historische Museum 1970 auch die Oberfläche des Kalkfelsens freigelegt, der die Sohle der Frankenfurt bildet.

Frankfurts historische Windrose

In Frankfurt wehen die natürlichen Winde von allen Seiten, aber doch vorwiegend aus Westen, was den ozeanischen Charakter seines Klimas bedingt. Oft tritt, mit wenig erfreulichen Folgen, auch Windstille ein. Wir befinden uns hier in einer der wärmsten und fruchtbarsten Gegenden Mitteleuropas. In Terrassen steigt das Land vom Fluß zum Gebirge auf. Auf diesen Stufen stieg auch die Stadt empor.

Die historischen Winde sind bodennäher und werden von dem Gebirgsrahmen gelenkt, der Frankfurt ziemlich eng umgibt. Eine Lage mit beschränkter Aussicht: es fehlt die Weite, die zum Wachsen einer Hauptstadt gehört. Aber der Rahmen hat Öffnungen: breit gegen die Rheinebene im Süden, minder breit nach der Wetterau im Norden, ein enges Tor rheinab im Westen, ein anderes mainauf im Osten. So ist Frankfurt ein Ort des Durchganges und der Vermittlung.

Das natürliche Zentrum im Norden der Oberrheinischen Tiefebene bildet eigentlich Mainz, das sich breit an seiner Konfluenz lagert. Der Kurstaat des Mittelalters umgriff Frankfurt von zwei Seiten. In der Vorgeschichte ist der Frankfurter Raum, hinter dem Wäldertor von Hofheim und Kelsterbach, oft nur Nebenkammer einer in Rheinhessen zentrierten Kulturzone. Die neuere Geschichte hat die Proportionen verschoben. Mainz ging in den Revolutionskriegen in Flammen auf und wurde wieder in Festungswälle gezwängt, während das 19. Jahrhundert die Stadt Frankfurt begünstigte.

In der Wetterau liegt ein Schwerpunkt alter Besiedlung um Bad Nauheim und Friedberg, der in Konkurrenz zu Frankfurt trat. Die Nauheimer Salinen haben in der Latènezeit eine große Rolle gespielt und wurden noch in karolingischer Zeit betrieben. Friedberg blieb Waffenplatz während der ganzen Dauer der römischen Herrschaft.

Die vorgeschichtlichen Kulturen zeichnen die Linien des Schicksals voraus allen modernen Verzerrungen. Schon die Bandkeramik lehrt, daß Mitteleuropa ein Kreis besonderer Gesittung von Belgien bis Polen ist. Frankfurt gehörte zu seiner Westhälfte, diesseits vom Böhmer und Thüringer Wald. Andererseits zeigt sich wenig Gemeinsamkeit mit Westeuropa. Der historische Wind kam aus Südosten, wo damals die Zentren der Weltkultur lagen.

In der folgenden Periode sehen wir Frankfurt im Kern einer westmitteleuropäischen Gruppierung, der Großgartacher und Rössener Kultur. Die letztere griff über den Thüringer Wald bis an die Saale und Elbe aus, ohne Böhmen zu berühren. Sie bildete sogar eine besondere Rhein-Main-Gruppe aus. Der Horizont verengt sich im Jungneolithikum, da nun die Michelsberger Kultur fast mit dem Stromgebiet des Rheines zusammenfällt. Sie lehnt das europäische Phänomen des Megalithikums ab, dessen Vorposten auf der Höhe von Gießen und am Hochrhein stehen bleiben, und entsendet nur schwache Ausläufer nach Thüringen und Böhmen. Man kann von Windstille reden.

Im Endneolithikum wandelt sich die Szene. Der Wind weht zunächst scharf von Nordosten. Von Mitteldeutschland kommt die Schnurkeramik, die am Rhein stehen bleibt. Es entsteht die Ausnahmelage einer Spaltung des Rhein-Main-Gebietes. Aber schon in der nächsten Phase stellt die Glockenbecherkultur dessen Einheit wieder her: eine Zivilisation mit süd- und westeuropäischen Verbindungen, die bis zum Ostrande Mitteleuropas reicht.

Die frühe Bronzezeit befestigt den Schwerpunkt in Rheinhessen, wo aber die Adlerberggruppe um Worms, auf der Basis der Glockenbecher fußend, nur ein bescheidenes Gegenstück der Kulturen im östlichen Mitteleuropa darstellt, die auf schnurkeramischer Grundlage entstanden. Frankfurt bildet eine schwache Randzone, weiter nach Hessen hinein herrscht Dunkelheit.

Die mittlere Bronzezeit wiederholt das Rössener Verbreitungsbild. Im westlichen Mitteleuropa steigt die Hügelgräberkultur empor, die bis Thüringen und Westböhmen vordringt. Frankfurt wird Teil einer mittelrheinischen Untergruppe, die auch in Starkenburg gut vertreten ist. Ihr steht eine osthessische Gruppe gegenüber. Auch in der späten Bronzezeit bleibt Frankfurt in der westlichen Urnenfelderkultur, aber in deren rechtsrheinischer Untergruppe, beschlossen. Diese Besonderheit verstärkt sich in der Hallstattzeit. Rechts des Rheines entsteht die Koberstadter Gruppe als Abglanz der süddeutschen Hallstattkultur, während in Rheinhessen zunächst noch eine Spätphase der Urnenfelder nachlebt. Sowohl in der Urnenfelder- wie in der Hallstattzeit dürften die kulturellen Anstöße aus südlicher Richtung gekommen sein. Die Koberstadter Gruppe greift nach Norden nicht über die Wetterau hinaus, unterhält aber in ihren Adelsgräbern Beziehungen mainauf bis Böhmen.

In der frühen Latènezeit bildet sich ein rheinmainisches Kerngebiet keltischer Stämme heraus, nun mit westlichen Verbindungen und Brückenfunktion nach Thüringen und Böhmen. Die westliche Tendenz zeigt sich ebenso in der späten Latènezeit, in der

Rheinhessen entschieden dominiert. Die Altkönigwälle und das Oppidum Hohemark erscheinen als frühe politische Schwerpunkte im Frankfurter Raum, bilden aber mit ihren Funden nur ein schwaches Abbild auswärtiger Zentren dieser Art. Auf den Pfaden der Schnurkeramik kommen aus Thüringen und fernerher die ersten germanischen Scharen, ohne wesentliche Spuren im Kulturbild der Wetterau zu hinterlassen. Die kräftige römische Gegenwehr richtet schließlich eine Grenze am Rhein auf. Mit ihrer Duldung lassen sich germanische Stämme im Wiesbadener und Gerauer Raum nieder. Für das Frankfurter Gebiet ist die Situation nicht ungünstiger zu denken.

In der hohen Kaiserzeit werden Taunusvorland und Wetterau in das Römische Reich einbezogen, was große Chancen in sich birgt. Das Rhein-Main-Gebiet wird wieder für zwei Jahrhunderte zusammengeführt, und da die kulturellen Verbindungen nach Süden und Südwesten gehen, gewinnt der Frankfurter Raum, dessen Zentrum nun in Heddernheim liegt, an Gewicht. Als beunruhigendes Element treten schon seit frührömischer Zeit die Chatten in Erscheinung, ein Nordwind, der sich abwehren ließ.

In der späten Kaiserzeit fällt durch einen erneuten Stoß aus Mitteldeutschland, den nun die Alamannen führen, die römische Grenze auf den Rhein zurück, und das Frankfurter Gebiet wird wieder germanisches Grenzland, jedoch im 4. Jahrhundert unter starkem römischen Kultureinfluß. Diese Situation vermag aber keine wirkliche Kontinuität zwischen Antike und Mittelalter zu begründen, da das historisch vermittelnde Element, das fränkische Königtum, hier erst im 6. Jahrhundert zum Zuge kommt. Infolgedessen bricht die römische Zivilisation im Maingebiet zusammen. Wir möchten in diesen Vorgängen den Grund für eine seitdem offenbar werdende Schwäche des Frankfurter Raumes sehen.

Während der vorgeschichtlichen und römischen Zeit bemerkt man, daß Kulturströme aus Süden oder Südwesten nördlich am Gebirgskamm und an der Wasserscheide der Wetterau aufgehalten werden. Frankfurt gehört dann zu einer südlich bestimmten Zone und hat eine gute Zeit. Ströme aus nordöstlicher Richtung finden dagegen am Rhein ein Halt, wobei Frankfurt die wenig dankbare Rolle eines westlichen Vorpostens zufällt. Wenn das Rhein-Main-Gebiet zu selbständiger Bedeutung aufsteigt, spielt Frankfurt gewöhnlich eine Nebenrolle.

Die fränkische Macht kommt wieder mit dem Westwind, und dies begründet, im Zusammenhang der antiken Tradition, die starke Stellung des linken Rheinufers im Mittelalter. Taunusvorland und Wetterau nehmen an diesem Aufschwung bis zu einem gewissen Grade teil. Das meteorhafte Ereignis der Frankfurter Synode von 794, das wohl auch kirchenpolitische Hintergründe hatte, leitet, infolge der sich vorbereitenden fränkischen Reichsteilung, einen erneuten Aufstieg ein, der aber kulturell nicht ins Gewicht fällt. Der Übergang der deutschen Königskrone an das sächsische Haus macht für Frankfurt alle Hoffnungen zunichte. Die spätere positive Entwicklung, die wieder mit dem günstigen Südwind verknüpft ist, fällt außerhalb unserer Darstellung

So vermag die archäologische Forschung im Frankfurter Raum die älteren Fundamente zu zeigen, an welche seine Bedeutung immer wieder anknüpft. Seit der vorrömischen Eisenzeit verschob sich der politische Schwerpunkt von den Ringwällen der Höhe über Heddernheim an die Mainfurt, wo der Kristallisationskern der historischen Stadtentwicklung liegt. Von hier aus ergriff die Stadt schrittweise erneut Besitz von dem uralten Siedlungsboden ihres Umlandes. Heute steht das Bild einer Frankfurter Stadtregion schon optisch dem Betrachter vor Augen, der von den Höhen des Vordertaunus seinen Blick über die Hochhauskulissen der Ebene schweifen läßt.

Archäologische Fundpflege

Die Beobachtung und Bergung der Bodenfunde, auf der alle Archäologie beruht, hat mancherlei Aspekte, historischer, rechtlicher, organisatorischer und auch wirtschaftlicher Art, denn die meisten Objekte stellen zugleich einen Handelswert dar. Oft ist es ein weiter Weg von dem im Boden schlummernden Fundstück bis zur Museumsvitrine oder bunten Tafel im Buch. Das Schicksal kann in gutem oder bösem Sinne einwirken und selbst die Politik spiegelt sich in diesen scheinbar so abgelegenen Gewässern.

Anfangs waren es einzelne Personen, die seit der Renaissance den Altertümern ihr Interesse entgegenbrachten, Studierte und Laien, Arme und Reiche, bis zu den Fürsten in Welt und Kirche. Solche gab es allerdings in Frankfurt in der Regel nicht. Im 19. Jahrhundert kam mit der Romantik die Zeit der Historischen Vereine, die sich große Verdienste um die Altertumsforschung erwarben. Für den heutigen Frankfurter Westen war es der 1812 gegründete Verein für Nassauische Altertumskunde und Geschichtsforschung in Wiesbaden, der besonders die römische Fundstätte von Heddernheim betreute, für den Norden und Osten der 1844 begründete Hanauer Geschichtsverein. In Frankfurt entstanden 1857 der Verein für Geschichte und Altertumskunde und 1877 der Verein für das Historische Museum, die beide auch vor- und frühgeschichtliche Sammlungen und Ausgrabungen pflegten. Die politische Zersplitterung des Frankfurter Raumes illustriert ein 1962 beim Bau der Nordweststadt geborgener Dreimärker von 1826, der zwischen Praunheim, Niederursel und Heddernheim stand, wohlversehen mit den Zeichen der drei Länder Hessen-Hanau, Hessen-Darmstadt und Nassau. Hier hat die Annexion durch Preußen seit 1866 eine Flurbereinigung zugunsten Frankfurts gebracht, die schwerlich von den früheren Nachbarn zu erreichen gewesen wäre.

Die private Initiative kam bald an die Grenzen ihrer Kräfte und die öffentliche Hand mußte weiterhelfen. Zunächst entstanden die staatlichen und kommunalen Museen. In Frankfurt war es 1878 das städtische Historische Museum, in Wiesbaden 1900 die städtische Sammlung Nassauischer Altertümer, über Bad Homburg 1907 das Saalburgmuseum, dann 1913 das Wetterau-Museum der Stadt Friedberg, erst 1950 das städtische Historische Museum in Hanau, 1959 das Dreieichmuseum des Kreises Offenbach in Dreieichenhain, alle mit älteren Vereinssammlungen. In Frankfurt wurde 1937 die archäologische Abteilung des Historischen Museums in ein selbständiges Museum für Vor- und Frühgeschichte umgewandelt. Als Gründung des Gesamtvereins der deutschen Geschichts- und Altertumsvereine besteht schon seit 1852 das Römisch-Germanische Zentralmuseum in Mainz, heute eine öffentliche Stiftung, das auf dem Prinzip der Nachbildung beruht und besonders die Lokalmuseen betreut. In Mainz gibt es aber noch eine zweite, für die Regionalforschung sehr wichtige archäologische Sammlung, die des Mittelrheinischen Landesmuseums, das 1967 als staatliche Anstalt aus dem früheren städtischen Altertumsmuseum, begründet 1814, entstanden ist.

Älter sind die fürstlichen Museen, die aus der Hand der Landesherren in die Staatsverwaltung übergingen. Das Hessische Landesmuseum in Darmstadt reicht mit seinen Anfängen in das letzte Viertel des 18. Jahrhunderts zurück, als staatliche Anstalt in das Jahr 1834. Leider ging die Mehrheit seiner archäologischen Bestände im letzten Kriege samt den schriftlichen Nachweisen zugrunde; dadurch stieg für diesen Raum die Bedeutung der über den Krieg geretteten Frankfurter Sammlung. Die Staatlichen Kunstsammlungen in Kassel wurden 1580 als landgräfliche Kunstkammer eingerichtet und 1779 im Museum Fridericianum, dem ersten öffentlichen Museumsneubau des Kontinentes, vereinigt. Doch wollen wir nicht verschweigen, daß auch die Reichsstadt Frankfurt schon seit Beginn des 18. Jahrhunderts archäologische Funde in ihrer Stadtbibliothek aufbewahrte.

Auch diese Stufe erwies sich nicht als genügend. Noch waren die Bodenfunde und Geländedenkmäler ohne gesetzlichen Schutz. Hessen-Darmstadt erließ 1902 das älteste deutsche Denkmalschutzgesetz. In Preußen folgte das Ausgrabungsgesetz von 1914 mit Ausführungsbestimmungen von 1920. Beide Gesetze gelten noch heute in den entsprechenden Landesteilen, doch ist ein neues Gesetz des Bundeslandes

Hessen in Vorbereitung. Das preußische Gesetz begründet eine Anzeigepflicht und Bewahrungspflicht für kulturgeschichtliche Funde und macht Ausgrabungen genehmigungspflichtig. Das Eigentum an Funden richtet sich dagegen nach § 984 des Bürgerlichen Gesetzbuches, wonach je die Hälfte des Wertes vom Entdecker und vom Bodeneigentümer erworben wird. Preußen sorgte auch für eine Organisation der archäologischen Denkmalpflege. Diese wird heute in Hessen, getrennt von der Kunstdenkmalpflege, vom Landesarchäologen wahrgenommen, der seinen Sitz im Biebricher Schloß in Wiesbaden neben dem kunsthistorischen Landeskonservator hat, und Außenstellen in Darmstadt und Marburg unterhält. Der Landesarchäologe betreut auch ein Netz ehrenamtlicher Helfer in den Kreisen und Gemeinden. Die Stadt Frankfurt bildet schon seit preußischer Zeit einen selbständigen Bezirk der archäologischen Denkmalpflege, der vom Leiter des städtischen Museums für Vor- und Frühgeschichte in staatlichem Auftrag betreut wird.

Eine entsprechende Regelung der Stadtarchäologie besteht auch in Köln und Lübeck, während Berlin, Bremen und Hamburg selbständige Landesarchäologen haben. Die Bodendenkmalpflege ist in der

---

▶

Karte der Frankfurter Stadtbezirke für den Gebrauch der archäologischen Fundpflege. Entwurf O. Stamm.

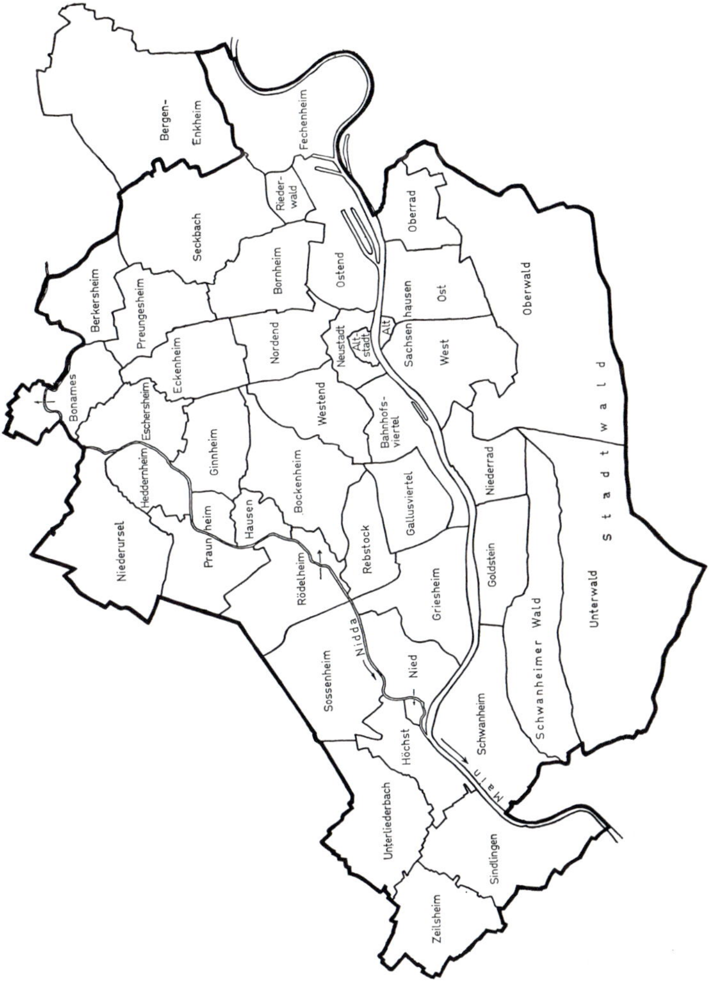
Bergen-
Enkheim
Fechenheim
Riederwald
Seckbach
Bornheim
Ostend
Oberrad
Oberwald
Berkersheim
Preungesheim
Eckenheim
Nordend
Neustadt
Altstadt
Alt
Sachsenhausen
Ost
West
Bonames
Eschersheim
Ginnheim
Westend
Bahnhofsviertel
Stadtwald
Heddernheim
Niederursel
Praunheim
Hausen
Bockenheim
Rebstock
Gallusviertel
Niederrad
Goldstein
Rödelheim
Griesheim
Schwanheimer Wald
Unterwald
Nidda
Sossenheim
Nied
Höchst
Schwanheim
Main
Unterliederbach
Sindlingen
Zeilsheim

Bundesrepublik, wie alle Kultur, eine Sache der Länder und war dies seit jeher; eine Gesetzgebung des Bundes existiert auf diesem Gebiet nicht. Die Bodenaltertümer sind in Westdeutschland rechtlich schlechter geschützt als in den meisten anderen Staaten, doch wird dieser Mangel durch die Organisation der Denkmalpflege bis zu einem gewissen Grade ausgeglichen.

Den bayerischen Anteil des Rhein-Main-Gebietes betreut die Außenstelle Würzburg des Landesamtes für Denkmalpflege, Abteilung für Vor- und Frühgeschichte, in München, den linksrheinischen das Staatliche Amt für Vor- und Frühgeschichte in Mainz.

Daß Fundpflege und Ausgrabungen die Mehrheit in der Aktivität auch des Frankfurter Museums für Vor- und Frühgeschichte bilden, ergibt sich aus der urbanistischen Expansion unserer Zeit. Dabei haben sich in Frankfurt drei Schwerpunkte, in der Altstadt, in Heddernheim und im Stadtwald, gebildet, jeweils für Mittelalter, Römerzeit und Vorgeschichte. In der Altstadt gehen die Grabungen des Museums durch die ganze historische Zeit, obwohl diese eigentlich Domäne des Landeskonservators ist; denn auch die Kunstgeschichte unternimmt Ausgrabungen und zwar soweit, als sie im Zusammenhang mit noch aufrechten Bauten stehen. Auf dem Frankfurter Domhügel lassen sich aber Archäologie und Kunstgeschichte nicht trennen.

Noch heute spielen Privatpersonen und Vereine als Helfer und Sammler eine wichtige Rolle. Aber es sind nicht mehr die großen Geschichtsvereine, die sich von der Archäologie immer mehr abwandten, sondern lokale Zusammenschlüsse, wie der Verein für Geschichte und Altertumskunde in Höchst, der, 1894 gegründet, Träger des Höchster Heimatmuseums ist, die Vereinigung für Natur- und Heimatkunde in Bergen-Enkheim, die das städtische Heimatmuseum und, mit Frankfurter Unterstützung, auch die Fundpflege betreut, die Biologische Kobelt-Gesellschaft in Schwanheim, die eben ein Heimatmuseum gründet, der Verein für Geschichte und Heimatkunde in Oberursel und andere mehr. Auch um Heddernheim gibt es einen losen Kreis von Privatsammlern, der mit dem Frankfurter Museum zusammenarbeitet. Der Verein für das Historische Museum ist heute zugleich Musealverein des Museums für Vor- und Frühgeschichte. Um die Außenstelle Darmstadt des Landesarchäologen, die Starkenburg und Oberhessen betreut, gruppiert sich der Verein von Altertumsfreunden im Reg.-Bez. Darmstadt. Die Denkmalpflege ihrerseits hat sich im Verband der Landesarchäologen in der Bundesrepublik organisiert, dem auch die Stadt Frankfurt angehört. Alle einschlägigen Vereine und Dienststellen sind im West- und Süddeutschen Verband für Altertumsforschung zusammengeschlossen, dem ein Nordwestdeutscher Verband gegenübersteht; beide Verbände tagen jährlich und oft gemeinsam.

Hier ist auch die Römisch-Germanische Kommission des Deutschen Archäologischen Instituts zu erwähnen, die seit ihrer Gründung im Jahre 1902 in Frankfurt ansässig ist. Sie geht auf die 1890 von Th. Mommsen begründete Reichslimeskommission zurück, die damals die Lokalforschung am römischen Grenzwall zusammenfaßte. In ihrem Auftrag gab G. Wolff 1913 die Archäologische Fundkarte der südlichen Wetterau heraus, bis jetzt die Basis aller archäologischen Arbeit im Frankfurter Raum. Die Römisch-Germanische Kommission ist heute ein Zentralinstitut für Vor- und Frühgeschichte überhaupt und verfügt über die bedeutendste Fachbibliothek des Kontinents.

Auf der Grundlage dieser Aktivität haben sich spät die Universitätsinstitute für Vor- und Frühgeschichte entwickelt. Der erste ordentliche Lehrstuhl dieses Faches in Deutschland wurde 1927 in Marburg errichtet. Solche gibt es heute auch in Frankfurt, Gießen und Mainz, und sie gehören zur normalen Ausstattung einer deutschen Universität.

▶

Das Holzhausenschlößchen im Frankfurter Nordend. Sitz des städt. Museums für Vor- und Frühgeschichte seit 1953. Federzeichnung von W. Raab 1960.

Die glänzende Pyramide, die wir hier historisch und organisatorisch vorführten, kann leider nicht darüber hinwegtäuschen, daß die archäologische Fundpflege noch sehr im Argen liegt. Damit ist eigentlich das Fundament des ganzen Aufbaues bedroht. Heute sind gewaltige Bodenbewegungen im Gange, die sich um die alten Städte konzentrieren und daher meist archäologisch relevante Zonen betreffen. Fortschritt der Bautechnik, steigende Kraft der Bagger, Rationalisierung, wachsende Lohnkosten, Termindruck, das alles erschwert nicht nur die Beobachtung der Erdaufschlüsse, die in riesigem Umfang entstehen, sondern vermindert auch den guten Willen zur Fundmeldung. Die Loslösung des Menschen von seinen natürlichen Grundlagen, die seine physische Existenz bedroht, wiederholt sich in seiner Loslösung vom Boden der Kultur und Geschichte. Die Denkmalpflege muß daher von sich aus aktiv werden, sieht sich aber mit unzureichenden Mitteln ausgerüstet. In Hessen ist die doppelte Zahl von Archäologen an den Universitäten wie in der Denkmalpflege tätig. Sehr ungünstig wirkt sich auch die territoriale Zersplitterung des Rhein-Main-Gebietes bis zum heutigen Tage aus.

Für die Erforschung der alten Besiedlung braucht man eine breite Fundstatistik, deren Bedeutung in ihrer flächenhaften Ausdehnung liegt. Hier kann der geringste Fund wichtig werden. Zur Erkenntnis der inneren Struktur der alten Kulturen bedarf es dagegen intensiver Forschung an einzelnen gut dokumentierten Punkten, also systematischer Ausgrabungen. Das eine ergänzt das andere. Ausgrabungen geben gewöhnlich die lebendigste Anschauung und veranlassen die öffentliche Hand am leichtesten, Geldmittel zur Verfügung zu stellen. Indessen bildet die Feldarbeit nur einen Teil des musealen und wissenschaftlichen Aufwandes. Die Funde bedürfen der Reinigung und Restaurierung, sie müssen inventarisiert und übersichtlich magaziniert werden und wollen selbstverständlich auch öffentlich ausgestellt sein. Man braucht Zeit und Kraft für die Herstellung der Archivberichte und für die wissenschaftliche Bearbeitung, dann Zeichner und Photographen für die Anfertigung der Bildvorlagen und schließlich Geld für den Druck. Erfahrungsgemäß sind hier die Mittel weniger flüssig, und daher bleiben viele archäologische Unternehmungen unterwegs stecken. Forschung ist aber die Grundlage und Voraussetzung der Volksbildung wie der Museen. Oft sind die einfachsten Fragen, die der Laie mit Recht stellt, am schwierigsten zu beantworten. Die Archäologie ist eine dynamische Wissenschaft, deren Grundlagen sich stetig verbreitern und verändern. Man kann ruhig sagen, daß wir in unserm Raum in der Erkenntnis der meisten Dinge noch am Anfang stehen.

Literatur

Allgemeines

U. Fischer, Frankfurter Museumsbericht 1945-1960. In: Schriften des Frankfurter Museums für Vor- und Frühgeschichte 1, 1962.

Fundberichte aus Hessen 1, 1961 ff. (Her. vom Landesarchäologen, mit jährlicher Fundchronik).

A. Hammeran, Urgeschichte von Frankfurt a. M. und der Taunusgegend. Frankfurt a. M. 1882. Mit einer archäologischen Fundkarte.

F.-R. Herrmann, Die vorgeschichtlichen Funde und die Geländedenkmäler der Kreise Obertaunus und Usingen. Ein Katalog. In: Saalburg-Jahrbuch 17, 1958 (Ringwälle).

H.-J. Hundt und U. Fischer, Die Grabungen in der Altstadt von Frankfurt am Main 1953-1957. In: Neue Ausgrabungen in Deutschland, Berlin 1958.

W. Jorns (Her.), Neue Bodenurkunden aus Starkenburg. Kassel 1953.

O. Kunkel, Oberhessens vorgeschichtliche Altertümer. Marburg 1926.

K. Nahrgang, Die Frankfurter Altstadt. Eine historisch-geographische Studie. Frankfurt a. M. 1949 (älterer Forschungsstand).

K. Nahrgang, Die Bodenfunde der Ur- und Frühgeschichte im Stadt- und Landkreis Offenbach am Main. Frankfurt a. M. 1967.

P. Schauer und P. S. Betzler, Katalog Höchst. Die Funde von der Steinzeit bis zum frühen Mittelalter. Höchster Geschichtshefte 11-12, 1967.

W. Schleiermacher, Frankfurts dreifacher Ursprung. In: Hommages à Albert Grenier, Collection Latomus 58, Brüssel 1962.

K. Woelcke, Der Ebel als vorgeschichtliche Fundstelle. Bericht über die Beobachtungen und Ausgrabungen 1925-1936. In: Das Museum für heimische Vor- und Frühgeschichte, Frankfurt am Main 1937.

G. Wolff, Die südliche Wetterau in vor- und frühgeschichtlicher Zeit, mit einer archäologischen Fundkarte. Frankfurt a. M 1913. Nachträge Ansbach 1921 (grundlegende Dokumentation für den Frankfurter Raum).

Steinzeit

G. Bosinsky, Die mittelpaläolithischen Funde im westlichen Mitteleuropa. Fundamenta A4, Köln-Graz 1967.
R. Firbas, Spät- und nacheiszeitliche Waldgeschichte Mitteleuropas nördlich der Alpen, 2 Bde. Jena 1949 u. 1952.
U. Fischer, Zu den neolithischen Kollektivgräbern in Hessen und Thüringen. In: Nassauische Annalen 79, 1968.
H. Kirchner, Die Menhire in Mitteleuropa und der Menhirgedanke. Mainz-Wiesbaden 1955.
Chr. Köster, Beiträge zum Endneolithikum und zur Frühen Bronzezeit am nördlichen Oberrhein. In: Praehistorische Zeitschrift 43-44, 1966.
H. Krüger, Altsteinzeit-Forschung in Hessen. In: Fundberichte aus Hessen 2, 1962.
G. Loewe, Zur Frage der Echtheit der jungsteinzeitlichen „Wetterauer Brandgräber". In: Germania 36, 1958.
J. Lüning, Die Michelsberger Kultur. Ihre Funde in zeitlicher und räumlicher Gliederung. In: 48. Bericht der Römisch-Germanischen Kommission 1967 (1968).
W. Meier-Arendt, Die bandkeramische Kultur im Untermaingebiet. Bonn 1966.
E. Sangmeister, Die Jungsteinzeit im nordmainischen Hessen. Teil III: Die Glockenbecherkultur und die Becherkulturen. Melsungen 1951.
A. Stroh, Die Rössener Kultur in Südwestdeutschland. In: 28. Bericht der Römisch-Germanischen Kommission 1938 (1940).

Bronze- und Eisenzeit

D. Baatz, Neue Funde aus dem Oppidum über dem Heidetränk-Tal nördlich von Frankfurt a. M. in: Germania 36, 1958.

H. Behaghel, Die Eisenzeit im Raume des Rechtsrheinischen Schiefergebirges. Wiesbaden 1949.
K. Dielmann, Zur Frage der „Koberstadter Kultur". Referat Diss. Marburg 1940. In: Nassauische Annalen 64, 1953.
F.-R. Herrmann, Die Funde der Urnenfelderkultur in Mittel- und Südhessen. Römisch-Germanische Forschungen 27, Berlin 1966.
F. Holste, Die Bronzezeit im nordmainischen Hessen. Vorgeschichtliche Forschungen 12, Berlin 1939.
H.-J. Hundt, Spätbronzezeitliches Doppelgrab in Frankfurt-Berkersheim. In: Germania 36, 1958.
H. Köster, Die mittlere Bronzezeit im nördlichen Rheintalgraben. Antiquitas 2, 6, Bonn 1968.
H. Müller-Karpe, Die Urnenfelderkultur im Hanauer Land. Schriften zur Urgeschichte 1, Marburg 1948.
H. Müller-Karpe, Zur spätbronzezeitlichen Bewaffnung in Mitteleuropa und Griechenland. In: Germania 40, 1962.
H. Schönberger, Die Spätlatènezeit in der Wetterau. In: Saalburg-Jahrbuch 11, 1952.
Ch. L. Thomas, Der Ringwall über der Heideträink-Talenge. In: Nassauische Annalen 36, 1906.

Römerzeit

Corpus Inscriptionum Latinarum XIII, pars II, I: Inscriptiones Germaniae superioris. Berlin 1905. Nachträge in Berichten der Römisch-Germanischen Kommission 17 (1929), 27 (1939), 40 (1960). Her. von C. Zangemeister, H. Finke, H. Nesselhauf.
Der Obergermanisch-Raetische Limes des Römerreiches, Abteilung B, Band II, 3: Nr. 27. Das Kastell und die Erdlager von Heddernheim (G. Wolff 1915). — Nr. 27a. Das Kastell Frankfurt a. M. (G. Wolff 1915). — Nr. 28. Das Kastell Höchst am Main (E. Schmidt 1912). Heidelberg 1915.
E. Espérandieu, Recueil général des Bas-Reliefs, Statues et Bustes de la Germanie Romaine. Paris und Brüssel 1931. Nachdruck New Jersey 1965.

U. Fischer, Zu den Fibeln Almgren 101. In: Jahresschrift für mitteldeutsche Vorgeschichte 50, 1966.

U. Fischer, Das Weihedenkmal der Dea Candida aus Heddernheim. In: Städel-Jahrbuch N. F. 1, 1967.

U. Fischer, Ein neuer Viergötterstein aus Heddernheim und die Jupitersäulen im Rhein-Main-Gebiet. In: Nassauische Annalen 82, 1971.

U. Fischer und W. Schleiermacher, Eine Dendrophoreninschrift aus Heddernheim. In: Germania 40, 1962 (Namen Nida).

F. Gündel, Nida-Heddernheim. Ein populärwissenschaftlicher Führer durch die prähistorischen und römischen Anlagen im „Heidenfelde" bei Heddernheim. Frankfurt a. M. 1913.

Mitteilungen über römische Funde in Heddernheim I (1894)-VI (1918). Her. v. Verein f. Geschichte u. Altertumskunde zu Frankfurt a. M.

A. Riese, Das rheinische Germanien in der antiken Litteratur. Leipzig 1892. (Griechische und lateinische Texte). — Übersetzungen bei: W. Capelle (Her.), Das alte Germanien. Die Nachrichten der griechischen und römischen Schriftsteller. Jena 1929.

E. Ritterling, Das frührömische Lager bei Hofheim im Taunus. In: Nassauische Annalen 40, 1912 (1913).

G. Schell, Die römische Besiedlung von Rheingau und Wetterau, In: Nassauische Annalen 75, 1964.

W. Schleiermacher, Der römische Limes in Deutschland. Ein archäologischer Wegweiser für Autoreisen und Wanderungen. 3. Aufl. Berlin 1967.

H. Schönberger, Neuere Grabungen am obergermanischen und rätischen Limes. Limesforschungen 2, Berlin 1962.

H. Schönberger, The Roman Frontier in Germany: An Archaeological Survey. In: The Journal of Roman Studies 59, 1969.

H. Schoppa, Die Funde aus dem Vicus des Steinkastells Hofheim, Maintaunuskreis I. Die Keramik außer Terra Sigillata. Wiesbaden 1961.

E. Stein, Die kaiserlichen Beamten und Truppenkörper im römischen Deutschland unter dem Prinzipat. Wien 1932.

Ch. L. Thomas, Das römische Villengebäude bei der Güntersburg und die Bornburg. In: Festschrift Historisches Museum Frankfurt a. M. 1903. Nachtrag in Heddernheimer Mitteilungen 4, 1907.

M. J. Vermaseren, Corpus Inscriptionum et Monumentorum Religionis Mithriacae I-II, Den Haag 1956 u. 1960.

K. Woelcke, Der neue Stadtplan von Nida-Heddernheim. In: Germania 22, 1938.

G. Wolff, Die Römerstadt Nida bei Hedderheim und ihre Vorgeschichte. Mit einem Plan der römischen Befestigungen bei Heddernheim und Praunheim. Frankfurt a. M. 1908.

Völkerwanderungszeit und Frühmittelalter

K. Böhner, Die merowingerzeitlichen Altertümer des Saalburgmuseums. In: Saalburg-Jahrbuch 15, 1956.

E. Ewig, Der Mittelrhein im Merowingerreich. Eine historische Skizze. In: Nassauische Annalen 82, 1971.

R. Koch, Bodenfunde der Völkerwanderungszeit aus dem Main-Tauber-Gebiet. German. Denkmäler d. Völkerwanderungszeit A8, Berlin 1967.

R. Roeren, Zur Archäologie und Geschichte Südwestdeutschlands im 3. bis 5. Jahrhundert n. Chr. In: Jahrbuch des Röm.-German. Zentralmuseums Mainz 7, 1960.

M. Schalles-Fischer, Pfalz und Fiskus Frankfurt. Eine Untersuchung zur Verfassungsgeschichte des fränkisch-deutschen Königtums. Veröff. d. Max-Planck-Instituts f. Geschichte 20, Göttingen 1969.

W. Schleiermacher, Der obergermanische Limes und spätrömische Wehranlagen am Rhein. In: 33. Bericht der Römisch-Germanischen Kommission 1943-50 (1951).

H. Schoppa, Die Besitzergreifung des Limesgebiets durch die Alamannen. In: Nassauische Annalen 67, 1956.

H. Schoppa, Die fränkischen Friedhöfe von Weilbach, Maintaunuskreis. Wiesbaden 1959.

O. Stamm, Zur karolingischen Königspfalz in Frankfurt am Main. In: Germania 33, 1955.

O. Stamm, Die St. Martinskirche in der Gemarkung Frankfurt-Schwanheim. In: Germania 38, 1960.
O. Stamm, Spätrömische und frühmittelalterliche Keramik der Altstadt Frankfurt am Main. Schriften des Frankfurter Museums für Vor- und Frühgeschichte 1, 1962.
F. Stein, Adelsgräber des achten Jahrhunderts in Deutschland. German. Denkmäler d. Völkerwanderungszeit A9, Berlin 1967.
J. Werner, Zu den alamannischen Burgen des 4. und 5. Jahrhunderts. In: Speculum Historiale, Freiburg-München 1965.

Erklärung von Fachausdrücken

Ädil	Römischer Aufsichtsbeamter
Ala	Römische Reiterabteilung der Hilfstruppen, 500 oder 1000 Mann
Amphore	Krug mit zwei oder vier Henkeln
Apsis	Halbrunder Raumteil als Abschluß
As	Römische Kupfermünze
Aureus	Römische Goldmünze
Axt und Beil	Unterschieden, ob mit oder ohne Schaftloch
Beneficiarier	Römische Straßenpolizei
Burgus	Kleine spätrömische Befestigung
Civitas	Römische Selbstverwaltung einer Landschaft
Colonia	Pflanzstadt römischer Bürger
Dekurio	Ratsherr
Denar	Silbermünze
Dendrophor	Baumträger, Kultdiener der Göttin Kybele
Depot	Niederlage von Gegenständen im Boden
Diluvium	Eiszeitalter
Dolium	Tonfaß

Dreiperiodensystem	Abfolge von Steinzeit, Bronzezeit, Eisenzeit
Duumvirn	Zwei oberste Magistratsbeamte
Fibel	Gewandspange mit Sicherheitsnadel
Filigran	Edle Schmiedearbeit mit geperltem Draht
Glazial	Kaltzeit im Eiszeitalter
Hocker	Totenstellung mit angezogenen Schenkeln
Hort	Niederlage von Gegenständen im Boden
Hypokaust	Bodenheizung
Idol	Götterbild
Inkrustation	Farb-Einlage in Ton
Interglazial	Warmzeit im Eiszeitalter
Interstadial	Wärmeschwankung im Glazial
Kastell	Befestigtes Lager
Keramik	Gebrannte Tonware
Kohorte	Römische Truppeneinheit von etwa 500 Mann
Konche	Halbrunde Mauernische
Lapidarium	Gesamtheit von Steindenkmälern
Lappenbeil	Beil mit seitlichen Schäftungslappen
Legion	Römische Heeresabteilung von etwa 6000 Mann
Limes	Grenzweg, Landwehr
Löß	Eiszeitlicher Staublehm
Magerung	Grobzusatz zum Töpferton
Mansio	Herberge an einer Straße
Megalithgrab	Großsteingrab
Menhir	Einzeln aufgerichteter Stein
Mikrolith	Kleinsteingerät
Model	Formschüssel
Nacken	Hinterseite von Axt oder Beil
Niello	Schwarze Einlage besonders in Silber
Numerus	Kleine römische Truppeneinheit von Eingeborenen
Oede	Mittelalterliches Hofgut
Oppidum	Große befestigte Siedlung
Paläolith	Altsteinzeitliches Steingerät

Patina	Oxydierte Oberfläche
Peregriner	Reichsbewohner ohne römisches Bürgerrecht
Pfalz	Mittelalterlicher Königspalast
Planum	Waagerechter Erdschnitt
Prähistorie	Vorgeschichte, Urgeschichte
Prinzipat	Das ältere römische Kaisertum
Portikus	Einseitige Säulenhalle
Profil	Senkrechter Erdschnitt
Randbeil	Beil mit randlichen Schäftungsleisten
Rasensoden	Ausgestochene Rasenstücke
Retusche	Feinbearbeitung eines Feuersteingerätes
Risalit	Vorspringender Bauteil
Sarkophag	Steinsarg
Silex	Kiesliges Mineral
Sesterz	Große römische Bronzemünze
Spolien	Wiederverwendete ältere Bauteile
Stele	Grabmal in Form von Säule oder Pfeiler
Tauschierung	Einlage von Edelmetall auf Eisen
Terrakotta	Feine figürliche Tonware
Terra Nigra	Schwarze Glanztonware
Terra Sigillata	Rote Glanztonware
Terrasse	Eiszeitliche Flußschotterfläche
Thermen	Warme Bäder
Trense	Pferdegebißstange
Tüllenbeil	Beil nach Art einer Lanze geschäftet
Urne	Grabgefäß für den Leichenbrand
Vicus, Vicani	Ansiedlung und ihre Bewohner
Villa	Landhaus, Landgut

Bildnachweis

Ein Teil der Textabbildungen wurde der Literatur, oft mit Veränderungen, entnommen und ist dann mit den Namen der Verfasser zitiert. Die Zeichnungen der südgallischen Terra Sigillata und des Ziegelstempels der 14. Legion stammen von Ch. Fischer. Alle anderen Abbildungen sind von W. Raab, Museum für Vor- und Frühgeschichte, gezeichnet und meist den Veröffentlichungen des Verfassers entnommen.

Auch die Autoren der Lichtbilder zu den Tafeln sind genannt, sofern die Aufnahmen nicht vom Verfasser stammen. F. Kochmann ist der Photograph des Historischen Museums. Das Röntgenbild wird Professor Dr. R. Kraus vom Radiologischen Zentralinstitut des städt. Krankenhauses in Frankfurt-Höchst verdankt.

Die abgebildeten Fundstücke befinden sich, wenn nicht anders angegeben, im Frankfurter Museum für Vor- und Frühgeschichte.

Der Text der lateinischen Inschrifttafel lautet: *Saluti Aug(ustae) / dendrophori Aug(ustales) / consistentes Med(-) / it(em)q(ue) Nidae scolam / de suo fecerunt / loc(o) adsig(nato) a vic(anis) Nide(nsibus).* Der Salus Augusta. Die Dendrophoren (und) Kaiserverehrer, bestehend zu Med- und Nida, (haben) das Versammlungshaus aus ihren (Mitteln) errichtet. Der Platz (wurde) angewiesen von den Bürgern (zu) Nida. — Die Inschrift ist am Anfang der 4. Zeile und wohl auch am Ende der 3. Zeile verändert. Ursprünglich stand hier wohl: *vi / co Nidae,* im Vicus Nida. Was *Med(-)* bedeutet, ist unbekannt.

Ortsregister